Alabanza por
despertar a Gaia

¡Me encantó este libro! Fred una vez más ofrece una visión fundamentada de la magia que se está desarrollando a medida que la Rejilla de Cristales de la Tierra se reactiva. Te descubrirás sonriendo en cada una de sus aventuras, confiando en que nuestro mundo está en buenas manos... las nuestras.

–Jonette Crowley, autora de *The Eagle and the Condor* y *Soul Body Fusion (El Águila y el Cóndor y La Fusión de Alma y Cuerpo)*

Es emocionante encontrarme con un alma vieja que se ha despertado… Es aún más emocionante conocer a un médico espiritualmente iluminado. Su maravilloso libro comparte su viaje de despertar espiritual y las sincronicidades que lo llevaron a acceder a conocimientos ancestrales que se encuentran en su ADN… Con sus raíces en Lumeria.

Celebro su proceso y su historia en este libro.

– Suma Sacerdotisa Hawaiana Kahuna Kalei'iliahi

Mientras que el primer libro escrito magníficamente por Dr. Fred Grover *Spiritual Genomics (Genómica Espiritual)* se refirió a cómo el cambio de nuestro ADN a través de la atención plena mejora nuestra salud, felicidad y bienestar; su nuevo libro *Despertando a Gaia* profundiza sobre cómo podemos servir al ser y a la evolución de nuestro hermoso planeta —la Madre Tierra— de maneras únicas. Recomiendo de todo corazón *Despertando a Gaia* a todos los que buscan experimentar esta conciencia elevada con Gaia y caminar por el camino empoderado de crear un mundo mágico, compasivo y beneficioso para todos los seres.

-Yves Nager es uno de los autores más vendidos en Amazon con su libro *Hawaiian Rebirth* (*Renacimiento Hawaiano*) y coautor de otro libro muy vendido en Amazon, *Inspired by the Passion Test* (*Inspirado por la Prueba de la Pasión*)

Despertando
a Gaia

Despertando a Gaia

La Rejilla de Cristales Lemurianos

Fred Grover Jr., M.D

Spiritual Genomics Press™
P.O. Box 202562
Denver 80220

SPIRITUAL

GENOMICS

Printed in the United States of America

For permission to reproduce parts of this book, speaking engament requests or other questions, please contact the author at fgroverjr@spiritualgenomics.com

Editor: Margaret A. Harrell, https://margaretharrell.com
Cover artwork: Front: Lemurian crystal in author's hand,
photo by the author, Pleiades constellation (iStock 471297753)
Back: Sungate at Tiwanaku (iStock 1169769976)
and Spiral Galaxy (Shutterstock 278931728)
Editor: Margaret A. Harrell, https://margaretharrell.com
Spanish Translator: Carolina Fonseca Jimenez, https://www.lupitainspires.com
Spanish Editor: Gustavo Vázquez-Lozano
Interior and cover design work by Darlene Swanson, https://van-garde.com

Follow us on the Spiritual Genomics Facebook Page!
Visit us at https://spiritualgenomics.com

Publisher's Cataloging-In-Publication Data
(Prepared by the Donahue Group)

Names: Grover, Fred, 1964- author.
Title: Awakening Gaia : the Lemurian crystal grid /
Fred Grover Jr. M.D.

Description: Denver, Co. : Spiritual Genomics Press, [2019] |
Series: Spiritual genomics | Includes bibliographical references.

Identifiers: ISBN 9781733772266 (pbk) | ISBN 9781733772273 (ebook)

Subjects: LCSH: Grover, Fred, 1964---Religion. | Sacred space--Pacific Area.
| Crystals--Therapeutic use. | Geometry--Religious aspects. |
Earth (Planet)--Religious aspects. | Energy medicine. | Lemuria.

Classification: LCC BL580 .G76 2019 (print) |
LCC BL580 | DDC 203.5--dc23

www.spiritualgenomics.com

Contenido

Prefacio

Durante miles de años los humanos han estado alineando los templos con la luna, el sol y las constelaciones. Círculos neolíticos, kivas nativas americanas, templos, catedrales y pirámides demuestran la importancia de estas alineaciones en todo el mundo —transculturalmente— desde el año 11,000 a.C. A partir de la Edad de Piedra final algunos ejemplos incluyen Göbekli Tepe (Turquía), Círculos de Stonehenge (Inglaterra), el Templo preínca de Tiwanaku (Bolivia), pirámides egipcias, pirámides aztecas de Teotihuacán, pirámides mayas (México, Centroamérica), continuando a través del tiempo en las kivas del Cañón del Chaco —estructuras ceremoniales— el complejo del templo de Angkor Wat (Camboya), estupa budista de Swayambhunath (Nepal), el Monte del Templo (Israel), y el templo con su Cúpula de la Roca, por nombrar sólo algunas. Es probable que en el futuro se localicen otros sitios alineados arqueo-astronómicamente que incluso sean anteriores a Göbekli —11,000 años de antigüedad—. Solamente tenemos que esperar a que se derrita la capa de hielo de la Antártida, ¡quizás el único beneficio del cambio climático es que podríamos ver algo dentro de unos años, dada la tasa actual de derretimiento del hielo glacial!

Nuestros calendarios se alinean con los solsticios —cuando el sol está a la mayor distancia del ecuador— y los equinoccios —el sol más cercano al ecuador— para los festivales y las fechas de nacimiento de los profetas. Bajo nuestros pies nos hemos alineado aún más con las energías de Gaia —la Madre Tierra— a través de líneas ley, círculos y quizás incluso los Círculos de las Cosechas.

¿Por qué diantres realizar esto? ¿Existe evidencia científica que respalde los beneficios de hacer alineaciones con las estrellas o con los campos de energía percibidos de nuestro planeta? ¿Acaso los sacerdotes, chamanes o sabios tenían conocimientos divinos que los instruyeran para alinear estructuras y crear líneas y círculos energéticos? ¿Algunas ubicaciones —como las líneas de Nazca en Perú— están diseñadas para comunicarse con los visitantes de lejos? ¿Quizás recibimos ayuda de seres inteligentes de nuestra propia galaxia o más allá?

¿Podría haber una inteligencia de dimensiones superiores a las que algunos de nosotros estamos aprovechando, proporcionando a los humanos y a otras especies estos conocimientos? Los corales se reproducen en el momento perfecto para los ciclos lunares; las ballenas jorobadas navegan desde Alaska hasta Hawái, y las abejas bailan para guiar a las obreras al néctar. Apreciar sus habilidades debería humillarnos o al menos crear una sensación de asombro al observar la maravillosa inteligencia de los organismos coloniales, los insectos, y los animales. Al ser testigos de este comportamiento instintivo innato debemos contemplar la capacidad que también nosotros tenemos que llevar en nuestro propio comportamiento y en la toma de decisiones.

¿Hemos perdido la conexión con la conciencia superior, mientras que las formas de vida inferiores todavía la tienen? ¿La ha suprimido el desarrollo de nuestro córtex y nuestro cerebro pensante? Estamos cerca de efectuar una misión tripulada a Marte, pero todavía no

podemos comprender nuestra conciencia. ¿Tienen las abejas la capacidad de conectarse con una inteligencia superior cósmica que las guía para crear estructuras complejas en 3D, seleccionar reinas, y saber el momento de enjambrar? Claramente los insectos no tienen el tamaño cortical para tomar muchas de las complejas decisiones que observamos. Al analizar la salud del planeta y el bienestar de la humanidad parece que la mayoría de nosotros hemos perdido esta inteligencia superior y necesitamos recuperarla pronto. ¿Nuestro interés en colonizar Marte responde a la conciencia colectiva de escapar de un planeta en peligro, como una colmena que se ha vuelto estresada? ¿O es simplemente para demostrar maestría sobre los programas espaciales de otros países?

Depende de nosotros encontrar formas de mitigar nuestros factores estresantes personales y globales, si planeamos mantener la vida en la Tierra. En mi primer libro *Spiritual Genomics* (Genómica Espiritual) detallé muchas formas de mejorar nuestra salud y nuestro ADN a través de la sanación con sonido, la conexión con la naturaleza, la conciencia y demás. Una vez que nos curemos podremos curar a los demás y al planeta.

Capítulo 1:

Sincronicidades mágicas y mi primer cristal

E ncabezando mi lista de preguntas de toda la vida sigue siendo ésta: ¿por qué me han llamado a colocar cristales en todo el mundo? ¡Parece que debería ser uno de los individuos menos propensos a hacer algo de este tipo!

Mi camino ha estado lleno de ciencia e investigación, comenzando en la escuela secundaria, que luego se intensificaron cuando ingresé a los estudios de medicina en 1983; seguido de inmersiones científicas más profundas cuando terminé la escuela de Medicina en 1993 y luego hice mi residencia de tres años en Medicina Familiar. Tampoco crecí en un hogar con padres hippies. Prácticamente tuve una vida estadounidense estándar excepto por mudarme más que la mayoría: crecí en Colorado, California y Texas. Yo digo que Colorado es mi hogar, pues he vivido aquí la mayor parte de mi vida, ya más de treinta años.

Mi padre —quien se jubiló recientemente a los ochenta años— era un cirujano cardíaco de fama mundial que trabajaba ochenta horas o más a la semana; y mi madre era una mamá tradicional que se quedaba en casa con los pies en la tierra y disfrutaba del trabajo voluntario en la iglesia, jugar mahjong, participar en el club de jardinería y —lo más importante— mantenernos a mi hermano y a mí fuera de problemas durante nuestra adolescencia. El equilibrio de chakras, la geometría sagrada y la discusión de las propiedades energéticas de los cristales nunca fueron parte de nuestras discusiones durante la cena.

Quizás fue viajar al extranjero con la familia cuando era adolescente, o pasar tiempo de calidad en la naturaleza a través de caminatas, mochilazos, buceo y otras actividades lo que comenzó a cambiarme. Aunque he tenido algunos percances —escalando rocas y en un accidente automovilístico— afortunadamente no cuento con una experiencia cercana a la muerte (ECM). Muchos de los que comienzan esfuerzos inusuales —como trabajar con cristales— han tenido previamente ECM u otros traumas importantes, lo que los empuja a escapar y explorar otros reinos para sanarse.

Mi mejor suposición es que el interés en este campo se manifestó cuando me di cuenta de las maravillas del mundo y las complejidades del cuerpo humano que no se pueden explicar. Me percaté de que había mucho más de lo que la ciencia podía empezar a aclarar, ya sea las interacciones extremadamente complejas de nuestras células —que nos mantienen funcionando como un todo— o la construcción de la Gran Pirámide. Diseccionar el corazón, el cerebro y otros órganos del cuerpo humano en la escuela de medicina fue muy iluminador. Me maravillé de cómo nos diferenciamos de una pequeña bola de células, a ser seres extremadamente complejos que caminan y tienen esta cosa llamada conciencia. ¿Llegué a preguntarme: la conciencia es simplemente algo que mi cerebro formuló como tractos neuronales, etc., desarrollados? ¿O es algo que adquirimos al conectarnos con el universo? ¿Podría la pequeña glándula pineal que vi por primera vez en la clase de anatomía actuar como una antena para conectarse con las dimensiones superiores y esto que llamamos conciencia? ¿Existe coherencia de mi conciencia con los demás a través de un campo global o un campo cósmico de unidad?

Comencé a trabajar más en mi interior a través de la meditación, abrí mi mente a todas las posibilidades y eliminé los prejuicios y los filtros incluso de las ideas o teorías más descabelladas sobre los orígenes de la vida. A través de esta práctica meditativa sin filtrar, comenzaron a ocurrir reuniones sincrónicas y mi vida fluyó a estado más natural. Estaba bien para mí criticar una teoría, sin embargo, me repetiría a mí mismo que debería estar abierto a ella si no tuviera una manera de refutarla.

Recuerdo que empecé a prestar atención a las sincronicidades después de leer *Celestine Prophecy* (Las Nueve Revelaciones) de James Redfield, que aparentemente llamó mi atención al azar en una librería del aeropuerto, mientras me dirigía a un viaje de un año alrededor del mundo con mi esposa en 1996.

Después de pasar los típicos siete años de trabajo de posgrado para completar nuestros títulos médicos y certificaciones de la junta, decidimos hacer este viaje en el año 96 para descomprimirnos. Parecía una locura, sin embargo fuimos llamados para escaparnos y reiniciar.

A pesar de tener una deuda combinada de $200,000 dólares pedimos otro préstamo. Alquilamos nuestra casa y nos fuimos a viajar como minimalistas, alojándonos en hostales y llevando lo que cabía en nuestras mochilas. En cuestión de indumentaria iba una muda en la mochila y otra la llevábamos puesta. Habíamos comprado boletos de avión alrededor del mundo por sólo cuatro mil dólares para cada uno, lo que únicamente nos permitió ir al este de una ciudad importante a otra. Conectamos los puntos de las regiones con trenes, transbordadores, vuelos de tolva y barcos, visitando veinticinco países.

Terminé de leer el libro y sinceramente no pensé mucho en los encuentros casuales que Redfield mencionaba con tanta frecuencia. Sin embargo permanecí abierto a la posibilidad de 'coincidencias' significativas (sincronicidades).

Habían pasado unos cuatro meses y comencé a observar algunas cosas extrañas, como cuando

llegué a la isla griega de Kos y fui invitado a la recreación del juramento hipocrático. En un museo me encontré con un médico que estaba en la isla para este raro evento, por casualidad llegamos el día anterior y lo conocimos. Sólo suerte, pensé yo.

Un mes después, en octubre, llegamos a El Cairo, Egipto, y encontramos un servicio de transporte barato desde el aeropuerto hasta la ciudad. Apretado en una camioneta con mal aire acondicionado empecé una conversación con otro estadounidense sentado a mi lado. Pronto supe que estaba estudiando cartografía y que también viajaba alrededor del mundo. Él se bajó en una parte diferente de la ciudad y nosotros nos dirigimos hacia una región cercana al Nilo, para pasear y buscar un hotel agradable en nuestro rango de precios. Dos días después me encontré con él en la pirámide escalonada de Saqqara y sin pensarlo bien lo saludé. Después de un mes increíble viendo las pirámides y haciendo un crucero por el Nilo hasta Luxor, volamos hacia el sudeste asiático, aterrizando al pie del Himalaya en Katmandú, Nepal. Estuvimos

allí para explorar las montañas, la cultura y hacer trabajo voluntario. Después de regresar del trabajo médico-voluntario rural en la
zona de montañas de Langtang, me sentí inclinado a probar una
clase de meditación ofrecida por un monje budista no lejos de
nuestro hotel en el área de Thamel. Entré a un pequeño grupo de
seis y lo encontré sentado allí esperando la clase. Bien, ahora esto
es un poco extraño. No sabía que iría a Nepal y seguro que no
esperaba verlo al azar en una clase de meditación. Nos pusimos al
día brevemente después de clase y le deseé un buen viaje.

Pasaron tres meses y mi esposa y yo decidimos hacer un viaje en
kayak en el mar —con duración de varios días— en el pintoresco
Parque Nacional Abel Tasman en la Isla Sur de Nueva Zelanda. El
segundo día —a unas doce millas de distancia— remamos junto
a algunas focas que se asoleaban en una pequeña isla. Después de
tomar algunas fotos de las focas descansando con mi cámara com-
pacta cargada con *Kodachrome 64* miré mi mapa impermeable
amarrado en la plataforma y vi un sendero atractivo.

—¿Qué tal si remamos hasta el comienzo del sendero y hacemos
una pequeña caminata para nadar bajo esta cascada?

—Claro —dijo ella.

Con nuestro kayak tándem varado y amarrado comenzamos
nuestra caminata. Aproximadamente a la mitad de un sendero
angosto de una sola pista pasamos a una pareja que regresaba a la
playa. Unos cinco pasos después todos nos dimos la vuelta y nos
miramos.

—Dios mío, ¿eres tú, David?

Kayak de mar en el Parque Nacional Abel Tasman con su esposa Theresa (foto de una amistosa compañera de excursión)

—Fred, ¿qué diablos haces, siguiéndome por todo el mundo?

—¡Ja! ¡Ojalá pudiera decir que sí, pero éste es sólo otro encuentro casual contigo! ¿Qué está pasando? ¡Me parece una locura: encontrarte en un sendero remoto y fortuito dos días después de un viaje en kayak!

Todos sacudimos la cabeza con incredulidad mientras él regresaba a su kayak y yo me dirigía a la cascada. Ese día tuve una sensación inusual y un mensaje que claramente me informó que no todo en el universo es fortuito. Aunque no lo he vuelto a ver, he perdido su información de contacto, ¡sigo confiando en que nuestros caminos se cruzarán algún día! Quizá me encuentre a través de este libro. ¿Qué tiene que ver la sincronicidad con los cristales? A medida que continuemos este viaje en los próximos capítulos, verás emerger la claridad.

Avancemos a 2005. He estado practicando la medicina durante unos ocho años y recuerdo claramente a una paciente entre miles. Además de tener algunos problemas médicos básicos ella elogió los poderes curativos de los cristales, lo recuerdo fotográficamente. Puedo imaginarla sentada allí y yo pensando: vaya, esta chica está loca. ¿Estará delirando? ¿En qué criterios de diagnóstico del DSM-5 —Manual Diagnóstico y Estadístico de los Trastornos Mentales, quinta edición, publicado por la Asociación Estadounidense de Psiquiatría— se incluyen los "pensamientos curativos con cristales"? Mientras la escuchaba hablar con coherencia y calma —notando que estaba claramente orientada— decidí que la estaba evaluando prematuramente, como suele suceder con médicos de práctica apresurada basada en certezas. La mayoría la habría codificado como potencialmente esquizofrénica y la habría remitido a psiquiatría sin escuchar sus historias; que no intentaba curar el cáncer con cristales, sino simplemente sentirse más saludable y enamorada de la vida. La escuché y le dije que siguiera trabajando con cristales, sin pensarlo dos veces. Continué mi trabajo de rutina, consultando veinte o más pacientes diariamente como médico familiar.

Aproximadamente un año después —mientras caminaba por los coloridos álamos otoñales cerca de Breckenridge— decidí visitar una tienda de rocas en la calle *Main Street* llamada *Nature's Own* (De la Propia Naturaleza) cargada de fósiles, gemas y cristales de todo el mundo. A mis hijos les encanta el lugar, especialmente porque pueden encontrar dientes de tiburón de un millón de años, amonitas y piedras antiguas. Ese día me acerqué a una vitrina que exhibía algunas de las gemas más raras y hermosas del mundo. Entre todas ellas un simple cristal transparente con forma de nuez me llamó la atención. Aparentemente estaba fuera de lugar ya que sólo costaba veinte dólares y no tenía colores psicodélicos como las gemas de alrededor. Tenía una concavidad central que le daba una forma más especial.

El primer cristal lemuriano del autor, que ayudó a encenderlo todo (foto del autor)

Me senté allí mirándolo con curiosidad, y decidí que necesitaba comprarlo. El dueño lo envolvió en un periódico adjuntando una hoja de papel detallando de dónde venía y sus propiedades básicas. El pequeño papel del tamaño de una tarjeta bibliográfica decía: "El cristal semilla de Lemuria, Brasil, es un mineral de dióxido de silicio que muestra ramificaciones en forma de escalera que cruzan los cuerpos con un interior claro".

—Información genial, gracias —le dije—. Según Robert Simmons y Naisha Ahsian, coautores de *Book of Stones: Who They Are and What They Teach* (Libro de las Piedras: Quiénes son y qué nos Enseñan) los cristales semilla lemurianos se conectan con lo femenino divino, la unificación del alma, el acceso al conocimiento y la sabiduría de la antigua Lemuria. Afectan principalmente al chakra de la coronilla (séptimo) y de la estrella del alma (octavo). Explicado espiritualmente en la página healingcrystals.com (cristales curativos):

> La leyenda metafísica afirma que una vez existió una civilización antigua avanzada llamada Lemuria, similar a la Atlántida, pero más desarrollada espiritualmente y pacífica. Como su tiempo en la Tierra estaba llegando a su fin los lemurianos programaron estos cristales para transmitir sus mensajes de unidad y sanación, mensajes que serían revelados cuando la energía en la Tierra estuviera lista para recibirlos. Los lemurianos luego plantaron —o 'sembraron'— los cristales lemurianos codificados con su conocimiento y sabiduría ancestrales, para ser encontrados siglos después por nosotros.

> La leyenda continúa afirmando que los cristales de semilla lemuriana fueron plantados en un patrón de rejilla sobre la superficie de la Tierra y más allá, ha-

cia otras estrellas y dimensiones. Cuando te conectas a un Cristal lemuriano y la energía contenida en él, también te estás conectando a esta red de energías asociadas de la Tierra, las estrellas y demás.

Al regresar a casa en Denver coloqué este intrigante cristal en mi mesita de noche, sin saber qué hacer con él. Permaneció allí durante semanas colgando, y pasado un tiempo decidí colocarlo en mi entrecejo y comenzar a meditar con él y algunos cristales lemurianos más grandes.

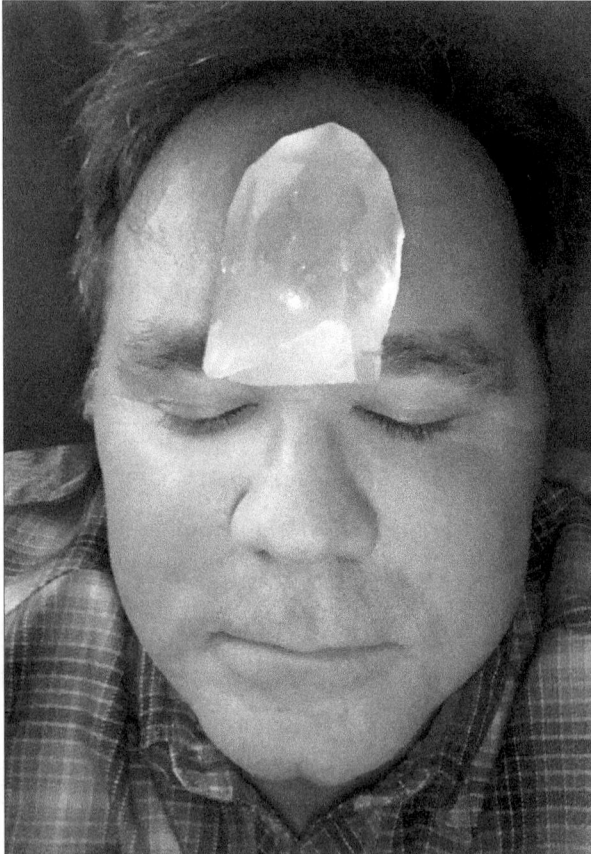

Autor con cristal lemuriano en el tercer ojo (foto de Keaton Grover)

Por alguna razón me sentí atraído a colocarlo diariamente en la región del tercer ojo, con los ojos cerrados, antes de ir a dormir. Meditaba escuchando música de mantras durante una hora la mayoría de las noches, visualizándome a mí mismo conectándome con el cosmos, sintiéndome atraído a menudo por las Pléyades. Pasaron varias noches, no ocurrió nada aparte de que me sobresalté cuando el cristal se cayó al piso de madera, cuando me quedé dormido y me giré.

Continuando con esta rutina —con mi esposa aseverando que era un poco extraño de mi parte hacerlo— sorprendentemente algo sucedió una noche. Tenía una semana de meditación cuando comencé a sentir un hormigueo donde el cristal hacía contacto con mi tercer ojo. A medida que efectuaba ajustes muy leves pude sentir que la energía se intensificaba o disminuía dependiendo dónde lo ubicara. De repente experimenté una oleada de energía fluir desde esta área disparándose por mi columna hasta mis pies. Era similar a un flujo orgásmico, pero en lugar de ascender el cristal estaba provocando un flujo descendente. Los pulsos más intensos hicieron que mis piernas apenas se contrajeran y honestamente me asusté un poco, ¡inicialmente pensé que estaba teniendo algún tipo de convulsión parcial compleja! Esto sucedió la mayoría de las noches con tres a seis pulsos de energía. Algunas noches fueron particularmente intensas. El flujo parecía aleatorio, sin correlación con los solsticios y otros eventos astronómicos o astrológicos importantes. La única relación que he encontrado es que la ubicación puede afectar la intensidad del flujo de energía. Hacer esto en áreas sagradas o en la naturaleza a menudo lo magnifica, al igual que trabajar con la medicina vegetal chamánica. Explicaré esto más adelante.

Mi experimento con este simple cristal continuó durante al menos un año, en ese momento fue que decidí buscar más cristales lemurianos en el espectáculo de rocas y gemas que se celebra anualmente en mi ciudad natal de Denver. Mi hijo de ocho años me acompañó esa vez, y espera con ansias el espectáculo todos los años. Al igual que yo, disfruta de la diversidad de las piedras, minerales, cristales y fósiles. El espectáculo de Denver es el segundo más grande y Tucson tiene el más grande del mundo. Fue un poco abrumador: cientos de puestos que ofrecen de todo, desde fósiles de la edad Jurásica, hasta grandes geodas, meteoritos y cristales de seis pies de altura o más que cuestan más de $50,000 dólares. Ese día fuimos a buscar cristales lemurianos de varios tamaños. Después de un par de horas encontramos un vendedor de Brasil que tenía principalmente cristales grandes, la mayoría de más de cuatro pies de altura. En los exhibidores se mostraban hermosos planos de ellos que variaban de una a doce pulgadas de longitud. Decidí comprar una selección de unos cincuenta pequeños y varios más grandes.

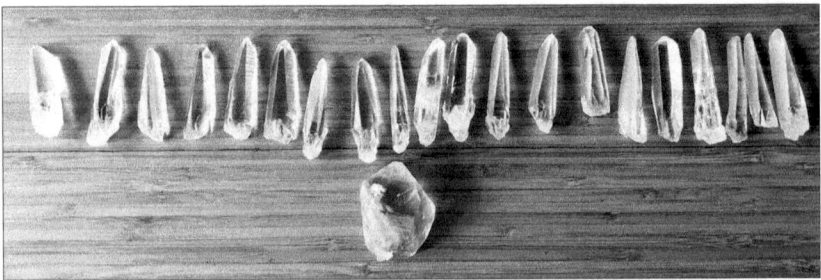

Cristales de semillas lemurianas, seleccionados de un piso de cristales que luego se usarán en un próximo destino (foto del autor)

No estaba seguro qué iba a hacer con ellos, los traje a casa para ver qué podía manifestarse. Este tipo de cristal tiene pequeñas líneas perpendiculares a su longitud, por lo que muchos los llaman registradores. Se cree que las líneas tienen datos incrustados como las unidades *flash* USB. Sin embargo, la cantidad de información que pueden almacenar supera con creces la de cualquier unidad *flash*. De hecho el "cristal de memoria de Supermán" puede almacenar hasta 360 terabytes de datos 5D, y mantenerlos seguros durante miles de millones de años. El Tesla *Roadster* de Elon Musk enviado al espacio exterior tiene uno de estos discos de cristal cargado con datos.[1]

De regreso en casa con mis nuevos cristales experimenté alineándolos en mis chakras. Descubrí que un cristal de doble terminación —dos puntas— resonaba perfectamente en mi corazón; otros con los otros chakras. Continué meditando acostado colocando el más grande —un cristal de seis pulgadas— entre mis piernas, en mi chakra raíz, y usando medianos para todos los demás, excepto el más pequeño en mi tercer ojo. Hice esto al menos una vez por semana; otros días simplemente hice el chakra del corazón y las colocaciones del tercer ojo.

Sentí curiosidad por estudiar chamanismo. Y aunque nunca hablé de eso, una semana tres pacientes en días diferentes me dijeron que debería estudiarlo; ¡dos me dieron consejos sobre dónde ir! Me sorprendió que nadie hubiera dicho nada antes, y luego, en una semana, tres me lo recomendaron. Por supuesto, sabía que esto era más que una coincidencia, así que en 2010 reservé un curso de fin de semana largo con una chica que enseñaba la metodología chamánica de Michael Harner en Colorado Springs, y poco después fui llamado a explorar el chamanismo peruano.

Procedí a sumergir el pie en el charco del chamanismo con cuidado, temiendo que pudiera ser demasiado peligroso, o excediera algún tipo de límite espiritual para mi alma. Reconociendo el potencial de las energías oscuras en el chamanismo —así como pueden estar presentes en cualquier devoción espiritual o religiosa— establecí la intención de permanecer sólo en la luz y evitar cualquier oscuridad. No abandonaría el cristianismo, sino que aumentaría mi espiritualidad al fluir hacia este estado expansivo.

Unos meses después estaba estudiando con el "Corazón del Sanador", un grupo de Tradición Pachakuti Mesa fundado por don Óscar Miro-Quesada. Nos reunimos casi todos los meses durante tres días de meditación y enseñanza. Esta forma particular se derivó más de las montañas de Perú que de las regiones de la selva tropical, donde muchos extranjeros viajan para hacer ayahuasca con los chamanes Shipibo.

La mesa del autor, utilizada con fines meditativos siguiendo los principios de la tradición de Pachakuti Mesa (foto del autor)

Al hacer meditaciones en círculo con otras doce personas me encontré conectándome profundamente con la Madre Tierra y las estrellas. Usamos una 'mesa'

para colocar artículos representativos de los cuatro vientos y artículos que fueran significativos para nosotros desde un punto de vista espiritual. Mi mesa tenía un Buda, una cruz, piedras, cristales y elementos geométricos sagrados colocados sobre una tela de los indios amazónicos Shapibo de Perú. No lo considero un altar, sino una herramienta de meditación que puede ayudarme a conectar con el cosmos, la conciencia de Cristo o Buda, la Madre Tierra y más. A diferencia de un altar tiene una sensación notablemente abierta, lo que permite que las energías de luz de un universo de dimensiones superiores fluyan a través de él hacia el individuo. Con una duración de poco más de un año la capacitación me ayudó a hacer mucho trabajo interior que no sería posible en una iglesia tradicional o en un entorno religioso organizado. Me sentí conectándome con mi dios interno y con todos los demás, expandiéndome hacia un estado compasivo de unidad con todo.

Después de esto, naturalmente quería viajar y experimentar las energías de Perú, ¡así que en 2011 reservé un viaje de verano! Mi intención era adentrarme en los aspectos más destacados del país con mi familia durante diez días, luego pasar otra semana solo, profundizando mientras caminaba por el Camino inca. Ellos no tenían interés en caminar por este sendero desafiante, por lo que volaron de regreso a casa después de ver Machu Picchu al final del recorrido, y yo regresé al comienzo del sendero cerca de la ciudad de Ollantaytambo para mi viaje de cinco días de regreso a pie.

Capítulo 2:

El Camino Inca y el nacimiento de la Rejilla de Cristales Lemurianos

Los primeros diez días en Perú fueron fascinantes mientras recorríamos Cusco, el Valle Sagrado y Machu Picchu, pero ahora anhelaba una conexión más profunda y espiritual con la Cordillera de los Andes y las energías entre ellos, esperando encontrarla mientras caminaba por el Camino inca.

Me uní a una pequeña caminata guiada con cuatro canadienses y nuestro equipo de apoyo de dos guías y algunos porteadores. Fue agradable tener a alguien que cargara mi equipo, dejándome simplemente con mi mochila con agua, equipo fotográfico, suministros básicos para senderismo y un puñado de cristales que parecían querer unirse a mí. No tenía planes para los cristales, mi intención era fluir hacia lo que podrían ser llamados a hacer. Los primeros días de caminata fueron intensos, ya que nos dirigimos a la cima del Paso de la Mujer Muerta a una altitud de 13,828 pies. Una familia de cuatro miembros de Vancouver en nuestro grupo se había estado entrenando para el viaje, así que tuve que esforzarme para mantener el ritmo. A este paso llegábamos a cada campamento antes que los otros grupos en el camino, lo que nos dio la opción para elegir dónde instalar nuestras carpas. Afortunadamente me permitieron reducir la velocidad un poco cuando me detuve para contemplar las vistas y fotografiar las montañas brumosas y las ruinas.

Cerca de la cima del Paso de la Mujer Muerta nos detuvimos y nuestro guía colocó algunas hojas de coca en lo que parecía ser un montículo de rocas —pila de piedras apiladas hechas por el hombre—. Metiendo la mano en mi mochila, saqué mi *Ziploc*® llena de hojas y coloqué tres entre unas piedras.

Hoja de coca, fuente: https://commons.wikimedia.org/wiki/File:Folha_de_coca.jpg

Sacamos tres hojas más para hacer una intención y luego —con una exhalación poderosa— las soplamos de nuestros dedos desde la cresta de la montaña. Había traído una gran cantidad para masticar y prevenir el mal de altura, y estaba feliz de tener algunas extras para prácticas ceremoniales. La coca es usada por los peruanos para hacer un estimulante té o una ofrenda a los dioses y —con ayuda histórica, en manos de hábiles chamanes— a predecir eventos futuros.

Pregunté si la pila de rocas era quizás una apacheta —similar a un mojón, pero más grande—.

—Sí, es por eso por lo que estamos haciendo una ofrenda.

—Gracias. Lo presentí.

Había aprendido sobre apachetas en mis estudios de chamanismo. Se utilizan para honrar a la Madre Tierra (Pachamama), o a menudo a un apu (espíritu de la montaña) cercano, y juegan un papel en el tejido de una red de energía entre otras apachetas en Perú y otros lugares, equilibrando el planeta. Pueden seguir una línea ley —línea de energía natural en el planeta— o pueden servir para conectar las energías entre sitios sagrados. Según los chamanes hay muchas líneas energéticas de apachetas que conectan con Cusco desde Machu Picchu y otros importantes sitios sagrados alrededor de Perú. Muchas culturas antiguas —incluidos los antiguos habitantes del Cañón del Chaco, a sólo ocho horas de mi casa, en Nuevo México— crearon líneas de energía.

Mientras contemplaba esta apacheta solitaria sentí que su energía fluía en varias direcciones, al igual que la dendrita de una neurona, que no es simplemente un enlace del punto A al punto B, pero envía impulsos a diferentes regiones de nuestro cerebro. Reflexionando sobre estas ideas comencé a preguntarme si los chamanes colocaban apachetas para el planeta Tierra con una intención curativa, similar a la forma en que un acupunturista coloca agujas a lo largo de una línea de meridianos, para aliviar el dolor de espalda o mejorar el flujo de sangre o linfático o amplificar el *Qi* (energía de fuerza vital). De repente tuve la idea de tomar uno de mis cristales y colocar el primero. Sosteniendo el cristal en mi corazón —mi tercer ojo— respiré algo de energía y lo coloqué entre las rocas lo más profundo que pude en la apacheta.

Apacheta personal del autor en su patio trasero (foto del autor)

¿Vaya, para qué estoy haciendo esto? Parecía tan natural pero surrealista, con un elemento de *déjà vu*. El grupo había salido de prisa por el sendero. Tuve que correr un poco para alcanzarlos. Después de caminar unos kilómetros más llegamos a otra apacheta donde coloqué algunas hojas de coca y un cristal. Continué haciendo esto en el camino hasta que el último día nos despertamos temprano para subir al Intipunku, o Puerta del Sol. La Puerta del Sol —a una altitud de 8,924 pies— fue la entrada original a este santuario sagrado. En esa mañana tan clara observamos un

hermoso amanecer, seguido de la luz que ilumina la exuberante hierba verde y el mágico Machu Picchu. Sintiendo lo sagrado de esta puerta decidí esconder un cristal entre dos grandes rocas al lado de la puerta. Bendiciendo el cristal y la puerta me reuní con el grupo para caminar hasta los templos.

Fred en la Puerta del Sol de Machu Picchu en 2011 (foto de un compañero de excursión)

Las energías del sitio eran mucho más palpables de lo que había experimentado en mi primera visita. ¿Hubo algún tipo de atenuación de mi cuerpo energético que ocurrió mientras caminaba por el sendero, tal como lo habían hecho los antiguos incas? ¿Podría el trayecto ser tan importante como el punto final? La mayoría de los turistas modernos que observé probablemente vinieron a tacharlo de su lista, pero no lograron aprovechar la esencia más profunda. Las *selfies* no estaban de moda en 2011, y las aplicaciones de teléfono lo estuvieron en sólo unos pocos años. La aplicación para *selfies* acababa de ser lanzada con el iPhone 4 y yo todavía no había hecho la actualización. Hoy —gracias a las *selfies* y las aplicaciones— estoy seguro de que Machu Picchu es una de las mejores publicaciones con *selfies* de Instagram que se comparten a diario. ¡No se convierta en una víctima de las *selfies*, tomando una foto al borde de un precipicio! —cómo escuchamos con demasiada frecuencia en esos días— ¡El *iPhone* probablemente lo ayudó a convertirse en una de las siete maravillas del mundo! Sacando mi fiel SLR y manteniendo mi *iPhone* original en el paquete, enmarqué el sitio sagrado, con Wayna Picchu y otras montañas en varios ángulos, claramente no inmune a su atractivo fotográfico.

Sin embargo, mientras componía mis fotos comencé a notar características y alineaciones que no estoy seguro si se me hubieran aparecido de otra manera. Por ejemplo, cómo las terrazas de las laderas que nos llevan al prominente Intihuatana en la cima crean una *geometría escalonada similar a una pirámide.*

Intihuatana, en lo alto de unos setenta escalones, "es una maravilla de la tecnología antigua… Una especie de reloj para medir cuándo era el momento de celebrar el solsticio de invierno, llamado por los incas INTI Raymi, una de las celebraciones y rituales más importantes de todo el Imperio" [2]; estaba tallado en granito. Debido a que uno de los principales dioses incas era el sol —*inti*, en idioma quechua— "era importante para los sacerdotes observar el sol y comprenderlo. Entonces, tenían un reloj o calendario astronómico que indicaba algunos períodos celestiales significativos para ellos. Este reloj se llamaba Intihuatana." [3]

Machu Picchu en un ángulo que muestra terrazas escalonadas en forma de pirámide (foto del autor)

Intihuatana, también conocido como "Enganche del Sol" (foto del autor)

Debajo de su entrada, *Wikipedia* explica que *huata-* es simplemente, *wata*, en español-, "la raíz del verbo 'atar, enganchar'". Y "el sufijo quechua *-na* deriva [de] sustantivos para herramientas o lugares. Por lo tanto, *Inti Watana* es literalmente un instrumento o lugar para "atar el sol" o, en inglés, *the hitching post of the sun*.

Las alineaciones de Machu Picchu a la montaña Huayna Picchu, con el sitio sagrado ubicado en la silla entre ellas parecían tan perfectas, vistas a través de mi cámara.

Machu Picchu con Huayna Picchu de fondo (foto del autor)

Capturé su esencia en una tarjeta de memoria y me senté en una roca lejos de las multitudes a meditar. Teníamos unas horas para explorar por nuestra cuenta antes de reunirnos alrededor del almuerzo, así que me relajé y aproveché las energías. Podía sentir un ligero cosquilleo subiendo por mi coxis, ascendiendo por mi columna y luego creando un cosquilleo similar en mi coronilla y en el tercer ojo. A pesar de que los guardias hacen sonar un pitido ocasional a algún turista que se sale de los límites, redirigí mi atención al campo de energía que fluía a través de mí. Parecía llegar en pulsos similares a los provenientes de los cristales mientras meditaba con ellos. En algún momento me sentí pleno con mi meditación y todo lo que se cargaba o descargaba en mi cuerpo energético. Decidí volver a las regiones del templo, llamado a colocar el resto de mis cristales allí en las grietas de las paredes existentes, con la intención de honrar el sitio y volver a conectarlo con las apachetas a lo largo del camino.

Choza ceremonial cerca de Pisac, donde asistí a mi primera ceremonia de ayahuasca (foto del autor)

Al despedirme de mi increíble guía y de la familia con la que hice la caminata fui recibido por un asistente de chamán en el pueblo de Aguas Calientes. Para terminar mi inmersión profunda en esta área había planeado un viaje de ayahuasca. Aunque hubiera preferido viajar a la selva tropical, tuve la suerte de encontrar un centro de retiro que tenía un chamán Shipibo —de la selva tropical— que realizaba pequeñas ceremonias sagradas cerca de Pisac. Comencé mi dieta bebiendo agua mineral especial esa noche antes de tomar el tren de regreso a Ollantaytambo para participar en una ceremonia no muy lejos de donde comencé el Camino Inca. Esto no fue algo que decidí hacer nada más porque sí, sino que había sido llamado a hacer esto durante más de un año.

Después de otro día de dieta especial y ofrendas por parte del chamán comenzamos la ceremonia en una cabaña circular con el techo abierto y llamas de fuego que bailaban en el centro.

Imagen de la planta de ayahuasca (Shutterstock)

Profundizo mi experiencia de este viaje en mi primer libro *Genómica Espiritual*. Cuando me solté y dejé que la "abuela aya" hiciera su trabajo, comencé a ver las líneas de energía de Machu Picchu. Era como si estuviera flotando sobre él y observara la aparición de los colores más vibrantes, que van desde los azules iridiscentes hasta los verdes fluorescentes, subiendo por la ciudadela desde la base hasta el punto más alto, como luces iluminando una antena de radio. Alumbraba la base de la pirámide, luego el siguiente nivel, ya que parecía resaltar el flujo de energía que va hacia el Intihuatana. Quizá lo que estaba viendo en mi ayahuasca era la energía de la Pachamama (Madre Tierra) conectándose al cosmos a través de la base de Machu Picchu y fluyendo a través del vértice del Intihuatana. Así que no lo vi como una atadura al sol, sino como un transmisor y un conducto que conecta las energías bidireccionalmente entre este lugar sagrado en la Tierra y el cosmos infinito de arriba.

Había notado las terrazas que —como mencioné en la fotografía anterior— creaban una estructura piramidal a partir del paisaje, pero no esperaba verlas en vista aérea en colores psicodélicos durante un viaje chamánico. Luego la luz irradió desde el punto más alto del sitio. Las formas geométricas sagradas eran visibles en el cielo y el paisaje alrededor. Ahora podía ver por qué los sacerdotes incas llamaban a la piedra rectangular en la cima un "poste de enganche" del sol, ya que podía ver la energía más intensa que se emitía desde este punto. También pude ver la luz de apachetas conectándose al sitio desde este punto alto. ¿Mis cristales habían impactado de alguna manera la fuerza de la conexión con este templo sagrado abrazado entre dos montañas? Aunque algunos pueden ver esto como algo parecido a un viaje con la droga LSD, siento que se me mostró sabiduría mientras viajaba mi espíritu a una dimensión superior a través del efecto de apertura del tercer ojo de la N-dimetiltriptamina —también conocida como DMT, "el espíritu molécula"—.

El viaje continuó durante un par de horas más con muchas otras imágenes asombrosas. Cuando regresé a Machu Picchu miré hacia abajo y pude ver mi cuerpo de luz, con líneas de meridianos y chakras.

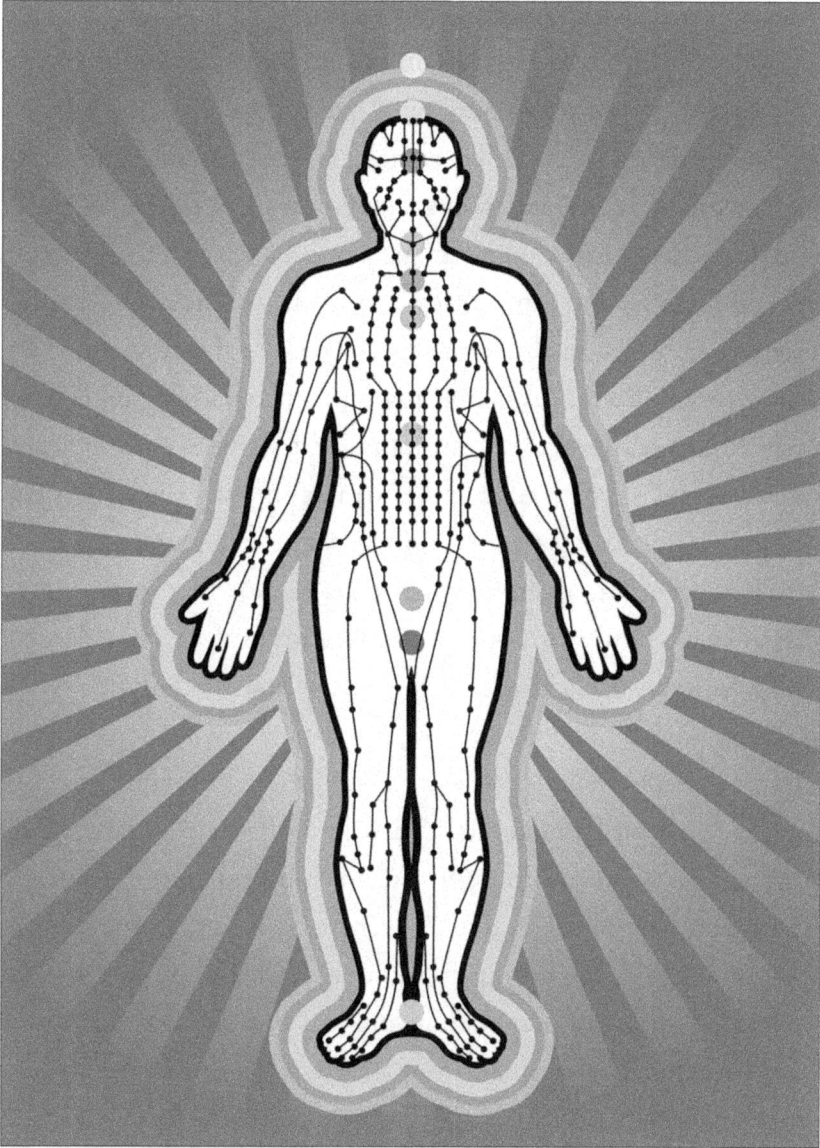

Acupuntura y líneas de meridianos (iStock)

Esto confirmó lo que la medicina china y ayurvédica descubrió hace miles de años. Después de esto tuve visiones increíbles de mi ADN siendo escaneado en busca de imperfecciones, seguido de mí purgando físicamente la basura energética que necesitaba ser limpiada de vidas pasadas y actuales. Mientras hurgaba en el recipiente que me entregaron no vi simplemente el líquido, sino que vi un agujero negro en espiral que succionaba estas energías negativas de mi cuerpo y las enviaba a otro campo. Aunque ésta no fue una experiencia cercana a la muerte, esta medicina vegetal me iluminó de una manera tal que parecía cercana a las de las que he oído hablar. No tan exóticas como las visiones del Dr. Eben Alexander en *Proof of Heaven* (Prueba de que el cielo existe) pero van en esa dirección. A la mañana siguiente compartí con el chamán lo que había visto. Él sintió que mis visiones eran representaciones precisas de energías en el área, las mías, y las del más allá. Empaqué mis maletas y me subí a la camioneta para regresar a la carretera ventosa, ascendiendo colinas escalonadas hacia Cusco. Mirar el río Urubamba —cruzando las múltiples curvas desde el Valle Sagrado hacia Cusco— fue surrealista. Al tomar mi vuelo a la mañana siguiente miré por la ventana hacia las escarpadas montañas cubiertas de nieve a mi derecha, contemplando todo lo que había experimentado. Una vez más la parte de mi viaje del Camino Inca parecía como un sueño, muy superior a una experiencia en 3D. Al regresar a Denver me sentí transformado a un estado más equilibrado, que creó una sensación de más pasión, felicidad y ligereza que cuando me fui. Fue un cambio mucho más complejo que simplemente sentirse relajado después de unas vacaciones en la playa. Aprovechar las energías de los Andes y colocar los cristales para honrarlos y la visita a los templos sagrados se sintió como una misión cumplida. ¿Era ésta realmente la línea de meta o tenía más trabajo por hacer? El tiempo lo diría.

Capítulo 3:

Palenque, la joya esmeralda de los mayas

Al llegar a casa me resultó difícil compartir con familiares y amigos los detalles de lo que había sentido energéticamente en Machu Picchu y el viaje multidimensional fuera del cuerpo (OBE), visualizado durante el viaje chamánico. Conté lo que sentí que era razonable y comprensible para ellos en ese momento, evitando el contenido que pudiera llevarlos a reservarme una cita para una evaluación de salud mental. Si tan sólo hubiera podido reproducir las visiones de manera holográfica sobre la mesa del comedor mientras les contaba lo que había visto, habría tenido más confianza, compartiéndolo todo.

A veces pienso en visiones o "estados alterados" que han tenido nuestros profetas bíblicos, y me pregunto si ellos también estaban trabajando con plantas medicinales como el *Kykeon* griego o de alguna otra manera eran capaces de entrar en un estado trascendental a través de la oración o la meditación, para obtener conocimientos y luego regresar a un estado de conciencia 3D 'normal' para compartir con los demás.

Entonces, ¿cuál es la diferencia entre estos diversos niveles de conciencia? Según Tanaaz Chubb, un escritor colaborador del

Huffington Post y cocreador del sitio web *Forever Conscious* (Por Siempre Consciente) con el Dr. Wei Chao, 3D es cómo vemos las cosas en su estado físico: cómo nos vemos a nosotros mismos como individuos bajo un ego. Identidad en 4D, comenzamos a resonar con la idea de que todos estamos conectados y hay más en la vida de lo que vemos en 3D. Las actividades basadas en la atención plena y un estilo de vida saludable se convierten en una prioridad. Cuando comienzas a conectarte con el campo de la unidad, eso es 5D: más centrado en el corazón, más compasivo y conectado con Gaia y el cosmos.

Siento que está dentro de la norma que las personas tengan visiones y percepciones cuando realizan trabajo meditativo, trabajo de medicina vegetal chamánica y oración que pueden inducir estados de ondas cerebrales de alta actividad theta y gamma. Estos estados de ondas cerebrales se han observado en meditadores altamente experimentados —como los monjes budistas— lo que les permite fluir fácilmente hacia estados 5D.

Al volver a mi consulta al día siguiente sentí el salto a la realidad, ya que tenía una gran pila de informes de laboratorio acumulada en mi escritorio para revisar. Era necesario firmar varios formularios y llamar a los pacientes. Sin mencionar las facturas por pagar y todas las demás cosas que conllevan ser médico.

Muchas respiraciones profundas y un flujo constante de limpieza del escritorio —entre pacientes y al final del día— me permitieron superar mi primera semana de regreso, pareciera que siempre hay un castigo por tomarme unas vacaciones. Independientemente de la lucha, algo peculiar estaba sucediendo mientras atendía a los pacientes. Los escuché mejor, sintiendo una mayor intuición de lo que estaba ocurriendo con sus condiciones y salud en general. Hubo más profundidad en analizar a los pacientes por encima de su historial y exámenes, y documentarlos en la computadora. Descubrí que mis habilidades de diagnóstico eran mejores cuando simplemente los miraba a los ojos y seguía lo que tenían qué contarme. Como dijo el famoso médico canadiense Sir William Osler, "Use sus cinco sentidos. Aprenda a ver, aprenda a oír, aprenda a sentir, aprenda a oler y sepa que sólo con la práctica puede convertirse en un experto". De acuerdo con él, simplemente agregaría que también debemos sumar nuestro sexto sentido: la intuición.

Los meses pasaron rápido, ocupado con mi práctica médica, mi vida familiar y la diversión de los fines de semana que pasé haciendo senderismo o esquiando según las estaciones. Continué con mi meditación pero comencé a pasar más tiempo en una "cama de sonido" en mi sótano.

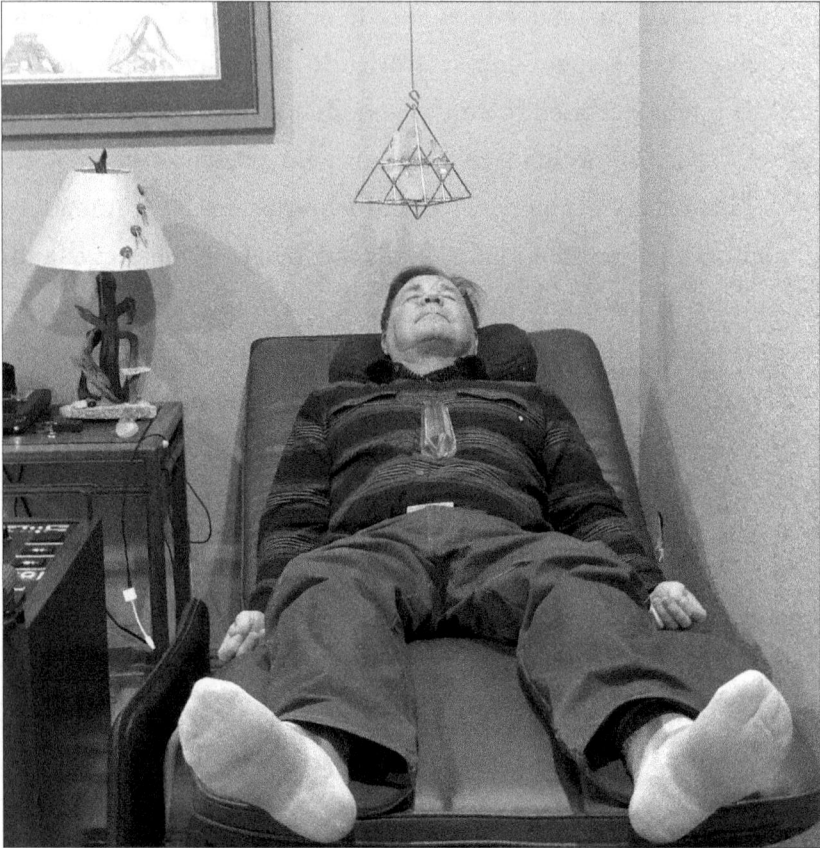

El autor en su sala de meditación alquimiza energías, utilizando una tumbona sonora que resuena con música de mantra, una terapia de campo magnético pulsado y geometría sagrada. Aka llamado con humor: ¡La silla del capitán para viajes interestelares! (foto de Keaton Grover)

Esta asombrosa herramienta me permitió reproducir mi música de mantra favorita en una posición reclinada, mientras las melodías resonaban en mi cuerpo —provenientes de pequeñas bocinas en forma de rosquilla— a través de la madera y el colchón de espuma. Escuché a Deva Premal, Snatam Kaur y otros, descubriendo que el sonido me llevaba a estados meditativos más profundos. La música basada en frecuencias o cantos de artistas como Jonathan Goldman y bandas sonoras de ritmos binaurales también funcionó increíblemente bien. Los latidos binaurales —que normalmente se escuchan con auriculares— proporcionan una frecuencia diferente en cada oído, lo que ayuda a que el cerebro entre en patrones específicos de ondas cerebrales para la meditación. Comencé a experimentar más con la alineación de cristales en mi cuerpo e incluso sostenía objetos geométricos sagrados diseñados por Greg Hoag (metaformas). Este efecto de resonar en todo mi cuerpo mientras escuchaba a través de auriculares creó un poderoso transporte sónico, relajándome profundamente, llevándome a los estados más profundos.

Una noche mientras meditaba de esta manera en mi sótano las energías pleyadianas entraron intensamente en mi campo, las percibí especialmente a través del cristal de mi tercer ojo. Me relajé con lo que venía y recibí un mensaje de que necesitaba 'despertar' las energías de un sitio sagrado maya conocido como 'Palenque', con cristales. Recapacité: "Yo pensé que esto era algo único. ¿Por qué me pides que vaya allí?" Traté de descartar el mensaje, pero las pirámides mayas en la selva tropical seguían apareciendo en mis profundas meditaciones. Decidí leer sobre este sitio maya que fue el hogar de Pakal (603-683 d.C.), considerado el más espiritual de todos los reyes mayas. Curiosamente encontré un libro titulado *Chariots of the Gods* (Recuerdos del futuro) de Erich Von Däniken en el que el autor detalla su interpretación de la tapa del sarcófago de Pakal como una representación de él montado en una nave espacial. La opinión arqueológica más generalizada es que Pakal está trepando por el tradicional Árbol del Mundo maya hacia el paraíso y la resurrección.

Réplica de la tapa del sarcófago de Pical por un
artista local desconocido, comprada por el autor
en los terrenos de Palenque. ¿Un cohete o el árbol
sagrado del mundo?

Estoy abierto a cualquier posibilidad, pero después de ver tantos
sitios mayas y otras imágenes extraterrestres votaría por la teoría
más controvertida y audaz de Erich Von Däniken.

Parecía haber tantos misterios sobre este sitio maya, que decidí reservar un viaje en noviembre de 2012. Ya había estado en Chichén Itzá, Tulum y Tikal y otros sitios, pero nunca en Palenque, que es más difícil de acceder. Buscándolo en *Google Maps*, descubrí que está cerca del estado de Chiapas, México; una zona en la que —hasta su captura en febrero de 2018— el jefe de Los Zetas —uno de los cárteles de la droga más grandes— inició operaciones importantes.

¡Hmm!, viajar a esta región por mi cuenta recibirá un fuerte rechazo por parte de la familia. Afortunadamente y después de muchas discusiones, la familia cedió a mis intenciones de espíritu libre y reservé mi vuelo desde Denver a través de Houston a la ciudad de Villahermosa. Había subido los mapas más recientes a mi antiguo *GPS Garmin* ™ para tablero de coche, con el objetivo de alquilar un automóvil y, con suerte, hacer el viaje de tres horas sin giros equivocados o sin una emboscada con uno de los hombres del cártel que buscara atacar a un gringo perdido.

Por la ventana de mi avión del lado izquierdo —a mitad de camino entre Houston y Villahermosa— miré las estrellas hacia el suroeste. Era una vista cristalina a 30,000 pies. Para mi sorpresa y mientras contemplaba la noche estrellada, la constelación de las Pléyades estaba en el centro de mi visión. Dios mío, pensé. Ésta es la constelación que me dio el mensaje de venir aquí, y ahora la veo más brillante que nunca, observándome a 444 años luz de distancia. Me senté allí con incredulidad, con lágrimas corriendo por mis mejillas momentáneamente, y permanecí concentrado en ello durante otros treinta minutos. En una hora, alrededor de las 9 p.m. nuestro avión aterrizó y tomé un taxi hasta un hotel cercano. ¡No estaba lo suficientemente loco como para hacer el viaje de tres horas a las ruinas de Palenque esa noche!

A la mañana siguiente regresé al aeropuerto para rentar un auto y comenzar el viaje por carretera por la zona rural de Chiapas.

Soy un tipo tranquilo, pero estaba bastante nervioso la mañana que me senté en el auto y monté el GPS en el tablero. Respira profundamente... Escribí la dirección y envié una oración para que mis ángeles y espíritus me guiaran y me protegieran hacia Palenque, y de regreso en este peligroso viaje. Sorprendentemente la navegación no me causó problema; los caminos en mal estado eran tolerables. Llegué a un albergue a unas pocas millas del sitio arqueológico antes de la puesta del sol y me instalé. Había empacado unos treinta cristales lemurianos y los había puesto en una bonita bolsa para llevar conmigo al día siguiente. Habiéndolos limpiado con humo aromático de Palo Santo, estaba emocionado de ver dónde podrían ser llamados a aterrizar. El Palo Santo es una madera que se utiliza para limpiar —también conocido como difuminar— energías negativas en una persona, lugar o cosa. Miembro de la familia de los cítricos, también llamado "Madera Santa" por los españoles, crece de forma natural en América Central y del Sur. En América del Norte la salvia es más popular para este propósito.

Salvia y Palo Santo junto a la parte posterior de mi tambor chamán (foto del autor)

Estaba inquieto durante mi primera noche sintiendo las energías circundantes cuando despertó el inquietante sonido de los monos aulladores cerca de la selva tropical. Afortunadamente los había escuchado en las selvas tropicales de Costa Rica algunas veces; de lo contrario me habría asustado.

A la mañana siguiente tomé el desayuno en el restaurante al aire libre con techo de paja. Algunos alemanes estaban comiendo cerca de mí, pero parecíamos ser los únicos en el complejo durante esta temporada baja en noviembre.

Conducir hasta Palenque me tomó unos minutos, y cuando ingresé al parque noté que se acercaban varios guías. Como no había muchos turistas, tenían la esperanza de contratar a uno de ellos. Compré mi boleto de entrada y continuaron rodeándome, pero decidí que quería hacer el recorrido solo después del molesto encuentro. Mi plan era familiarizarme con el sitio en mi primer día, y el segundo día volver para colocar los cristales donde me sintiera llamado a hacerlo. Caminé hacia el bosque y subí los escalones, entregando mi boleto al guardia de entrada. Cuando había caminado otros seis metros, un anciano apareció del bosque a mi izquierda y extendió su mano. Miré sus ojos cafés para sentir su ser interno y cuando estreché su mano advertí su energía. Él sonrió y dijo amablemente:

—Mi nombre es Víctor y seré tu guía.

Casi me reí—: ¿En serio?

Este tipo aparece de la nada en el bosque para anunciar que es mi guía. Respiré y aproveché más el momento y su esencia más profunda. Sí, él es mi guía, me dijo el espíritu. Después de esta pausa, le devolví la sonrisa y le dije:

—Sí, Víctor, me gustaría que me guiaras.

Guía de Palenque, Víctor Hernández (foto del autor)

Caminamos por el sendero hasta un patio de piedra caliza que se abría al Templo XII o Luna, y XIII, cuya lujosa decoración le dio el título de Corredor Funerario. Con su relieve de calavera de conejo, el Templo XII también se llama Templo de la Calavera. Adyacente a estas pirámides más pequeñas está el Templo de las Inscripciones.[4] Mientras estaba allí, mirando estas pirámides sentí una ráfaga de energía a través de mi columna vertebral similar a la que había experimentado en Machu Picchu. El infame K'inich Janaab Pakal I yace sepultado en el Templo de las Inscripciones. Mientras caminábamos pensaba: *Estoy listo; adelante con lo que viene.*

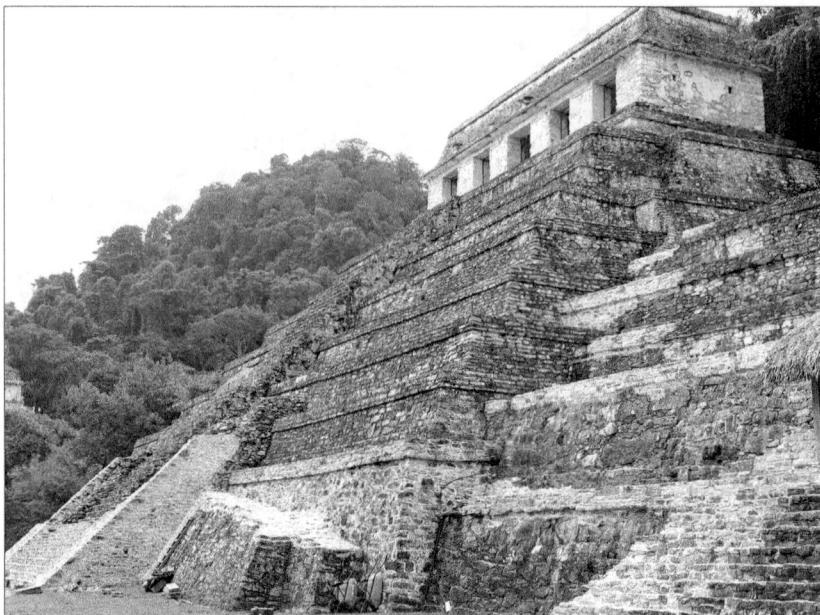

Templo de las Inscripciones (foto del autor)

De inmediato nos sentamos en un banco al frente y mirándome a los ojos Víctor dijo:

—Fred, estoy aquí para contarte la verdadera historia de Palenque. Comencé a trabajar aquí a principios de la década de 1960 como obrero, excavando con los arqueólogos. Ninguno de los otros guías lleva aquí más de diez años. No conocen los secretos.

Percibí gran flujo de energía de nuevo mientras trato de conectarme a tierra mientras escucho. Vaya, no creo estar oyendo esto. *¿Cómo es que me encontró este tipo, o cómo lo encontré sincrónicamente evadiendo a los otros guías?*

—¿Ves esta pirámide frente a ti? —preguntó Víctor—. En el fondo encontramos una pequeña estatua de Buda. No lo verás en el museo o documentado en los libros, porque los arqueólogos no pueden explicarlo. Es un enigma. Voy a mostrarte muchos ejemplos de arte en este sitio que demuestran cómo los mayas estaban en comunicación con Asia y Egipto y compartían conocimiento, arte y arquitectura.

Caminando con él sentía una sensación de energía sagrada bajo los pies con cada paso que daba. A lo mejor había estado aquí antes o el sitio se conectaba energéticamente conmigo. Me llevó a la famosa tumba del Templo de las Inscripciones donde me habló de la misteriosa tapa del sarcófago y de la vida espiritual de Pakal. K'inich Janaab Pakal I, o Pakal el Grande —también llamado 8 Ahau y Sun Shield— cuyo largo reinado sobre Palenque duró desde el año 615 hasta su muerte, sesenta y ocho años después, en 683. Éste fue "el cuarto período de reinado verificado más largo de cualquier monarca en la historia, el más largo en la historia mundial durante más de un milenio, y sigue siendo el más largo en la historia de las Américas" [5]. Creó algunas de las mejores obras de arte y arquitectura mayas en su ciudad capital, incluido el palacio con su emblemática torre. En un artículo Christopher Minster nos dice que "fue enterrado con galas de jade, incluida una hermosa máscara mortuoria, y colocado sobre la tumba de Pakal había una enorme piedra de sarcófago, laboriosamente tallada con una imagen del propio Pakal... El sarcófago de Pakal y su tapa de piedra se encuentran entre los grandes hallazgos arqueológicos de todos los tiempos" [6].

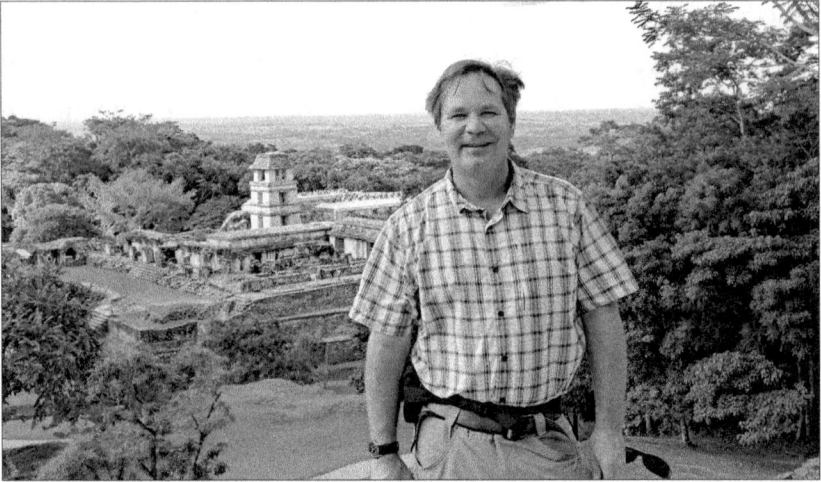

Autor con el Palacio de Palenque de fondo (foto de un turista amable)

A continuación el guía me llevó a la región del palacio, un área inesperada para los mayas. Como explica la Enciclopedia de Historia Antigua, "Exclusivamente para las ciudades mayas en Palenque una residencia real y no un templo es el enfoque central de la ciudad. El lugar —probablemente comenzado por Pakal y con adiciones importantes como la torre c. 721 CE— es una de las estructuras arquitectónicas más complejas en cualquier sitio maya".[7]

Aquí vi los arcos conocidos como los "arcos falsos" que se encuentran en muchos sitios mayas. En el centro del palacio se encuentra lo que parece ser una torre de vigilancia única, pero más probablemente sirvió para otro propósito. Cerca de la torre, Víctor señaló un relieve tallado con piernas colocadas en pose clásica egipcia, y otro relieve con alguien en pose de flor de loto. A la vuelta de la esquina me mostró un relieve muy parecido a una cabeza de dragón chino. Al ilustrar su teoría de la interacción temprana entre los mayas, Asia y Egipto, señaló muchos otros ejemplos transculturales mientras recorríamos el extenso sitio. Corriendo debajo de la pirámide había túneles construidos por los mayas para canalizar el agua entre la pirámide y el palacio principal. ¿Se hizo esto intencionalmente para infundir energía en el área, o simplemente como drenaje práctico de un manantial sobre ella? De manera similar, la Pirámide de Kukulkán, en el sitio arqueológico de Chichén Itzá —al que llegaremos en el Capítulo 6— está construida sobre un estrecho tramo de un acuífero que se abre al cenote norte —pozo natural o sumidero— y a otro cenote, al sur de ella. Parece haber una alineación intencional con el agua que fluye naturalmente con fines energéticos o espirituales.

Caminando alrededor de este gran sitio arqueológico durante un par de horas más vi el grandioso juego de pelota y varias otras pirámides. El juego de pelota aquí es mucho más pequeño que el de Chichén Itzá, pero aun así es impresionante. ¡Cada vez que paso por uno de ellos todavía pienso en la teoría de que los ganadores fueron decapitados después del juego! A media tarde habíamos terminado el recorrido y Víctor me expresó sus buenos deseos. También le deseé lo mejor y me acerqué al Templo de la Cruz Foliada para meditar.

Complejo del templo de la cruz (foto del autor)

Tuve mucho que procesar después de este increíble regalo de Víctor, quien me compartió estas misteriosas ideas. Los arqueólogos tendrán aún qué explicar éste y muchos otros acertijos sobre los mayas. El radar láser reciente —LIDAR/detección de luz y rango— ha revelado que el imperio maya era más de tres veces el tamaño de lo que los arqueólogos estimaron anteriormente. Su historia se seguirá editando a medida que se hagan nuevos descubrimientos. —Vea la historia de *National Geographic Exclusive: Laser Scans Reveal maya 'Megalopolis' below Guatemalan Jungle* (En exclusiva: Los Escáneres Láser Revelan la 'Megalópolis' maya bajo la Selva Guatemalteca).[8]

Al regresar al albergue por la noche dormí mucho mejor, a pesar de los ladridos espantosos de los monos aulladores desde la cortina de los árboles cercanos. El calor y la humedad de la selva tropical me habían agotado. La sinfonía del canto de los pájaros me despertó temprano y regresé al sitio solo, con mi bolso de cristales. Mi objetivo era fluir energéticamente con este lugar sagrado y ver dónde podrían ser llamados a aterrizar. Lejos de las multitudes medité durante una buena hora en la parte posterior de una pirámide para sumergirme en sus energías. Podía sentir a los sacerdotes celebrando una ceremonia atemporal en uno de los espacios subterráneos debajo de mí. Después de sentirme conectado con el sitio vagué de una manera algo aleatoria, bailando con las energías, y coloqué suavemente los cristales en las profundas grietas abiertas de las pirámides y en la región del palacio.

Aunque existen reglas estrictas sobre dañar cualquier sitio arqueológico o tomar una piedra, no he visto nada con respecto a dejar un pequeño cristal. Si alguien se encuentra un cristal espero que simplemente lo deje allí. Desafortunadamente muchos piensan que está bien tirar basura en estos sitios, lo que parece una falta de respeto, por decir lo menos.

Después de otra meditación sentí que las energías del sitio aumentaban y tuve el deseo de colocar algunos cristales en la corriente acuática que fluía a través de él. Esto parecía perfecto ya que cuando el agua fluye sobre un cristal energiza y estructura el agua en un campo resonante más alto para los templos y la tierra debajo. El famoso investigador japonés Masaru Emoto demostró cómo "al fluir naturalmente en una corriente, o al agregarle cristales, o incluso cuando se le envía amor y compasión" el agua puede reestructurarse a una geometría más hermosa. Por loco que parezca, ha podido documentarlo con muestras de agua helada en sus libros como en *The Secret Life of Water* (La Vida Secreta del Agua). Sentir esto intuitivamente y descubrir que la investigación de Emoto lo reforzaba me comunicó la importancia de realizar ubicaciones en corrientes, lagos y océanos.

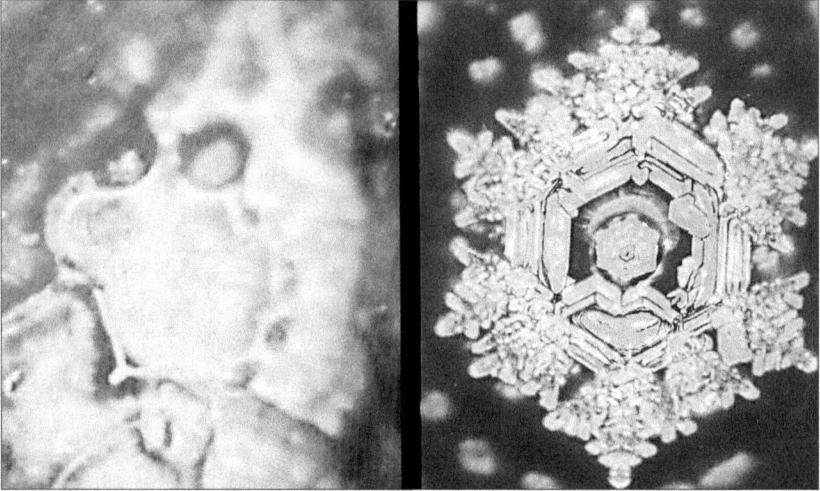

Lado izquierdo: agua contaminada de la presa de Fujiwara. Lado derecho: Impacto geométrico de un monje budista que canta el "Sutra del corazón" al agua contaminada. Fotos de Masaru Emoto de *Messages of Water (Mensajes del Agua)*, comentadas por Jonathan Goldman.

Caminando debajo de las pirámides de Palenque descubrí hermosas cascadas, y coloqué más cristales en las piscinas azul claro rodeadas de una exuberante vegetación esmeralda.

Mientras conducía de regreso al albergue me preguntaba qué diablos estaba haciendo y con qué propósito. Pero me encogí de hombros ante mis preocupaciones, dándome cuenta de que estaba de vuelta en el mundo 3D, conduciendo un automóvil, esquivando baches y navegando por este camino estrecho y ventoso parcialmente cubierto por los frondosos árboles de la selva tropical.

Cascadas de Palenque (foto del autor)

Esa noche, mientras hacía mi meditación de cristal del tercer ojo en mi habitación, envié más amor y oraciones a las pirámides para reconectarlas con las energías cósmicas. De manera similar a como me sentí en Perú, una conexión más profunda e íntima con la tierra, la gente y las energías sagradas del sitio emergió en mi campo áurico y pareció expandirse a las dimensiones superiores que me rodeaban. Podía percibir las conexiones mayas con otras culturas del mundo, incluidas las antiguas raíces atlánticas. Más allá de esto sentí sus conexiones con aquéllos fuera de nuestro sistema solar. Quizás la tumba de Pakal —interpretada como un árbol del mundo o una nave espacial— en realidad representa portales a dimensiones superiores, o incluso a otros mundos. Por más descabelladas que parecieran estas ideas y mi trabajo aquí, me sentía bien. Regresé a casa una vez más sintiendo que mi trabajo estaba completo.

Capítulo 4:

Cañón del Chaco, el llamado del cuervo

Pasaron varios meses y mis ocupados días en el consultorio de repente me agotaban mental y emocionalmente. Después de la cena me reiniciaba relajándome en mi cama de sonido con una almohadilla de campo magnético pulsado debajo de mí, para despejar mi mente y ayudar a evitar el agotamiento al que han sucumbido muchos de mis colegas. Como ocurre con la mayoría de las meditaciones de mantras que resuenan a través de la cama de sonido, siento un estado de felicidad y flujo de energía. Ocasionalmente cuando meditaba durante horas más profundamente, obtenía lo que llamo 'descargas'. Estas descargas suelen venir como una percepción o, a veces, como un pulso de energía visual o de tipo orgásmico cuando estoy profundamente inmerso en ellas. Descuida, que no arruiné la cama de sonido. ¡Ja! A veces venían mientras dormía, otras veces tuve que trabajar duro meditativamente.

Pude comprender cómo es necesaria la disciplina mental y el aislamiento de un monje budista para alcanzar la iluminación, el nirvana, el "cuerpo arcoíris" budista tibetano, etc., ya que obtener una pequeña descarga fue mucho trabajo para mí en la mayoría de los casos. Aunque me encantaría lograr o incluso experimentar

brevemente algunos de esos estados, mis posibilidades son limi-
tadas a menos que vaya a vivir a un monasterio o áshram durante
décadas.

Cuervo (foto del autor)

Una noche estaba admirando mi hermosa flauta nativa americana de cedro, la cual lucía solitaria en mi estantería. Es una de
las flautas de "alto espíritu" que tiene incrustada turquesa entre
los orificios para los dedos. La he mejorado con algunos amule-
tos de Kokopelli de hueso tallado, colgando de hebras de cuero.
Kokopelli es la deidad nativa americana de los Hopi y otras tribus
del suroeste, que representa el espíritu de la música y la fertilidad.

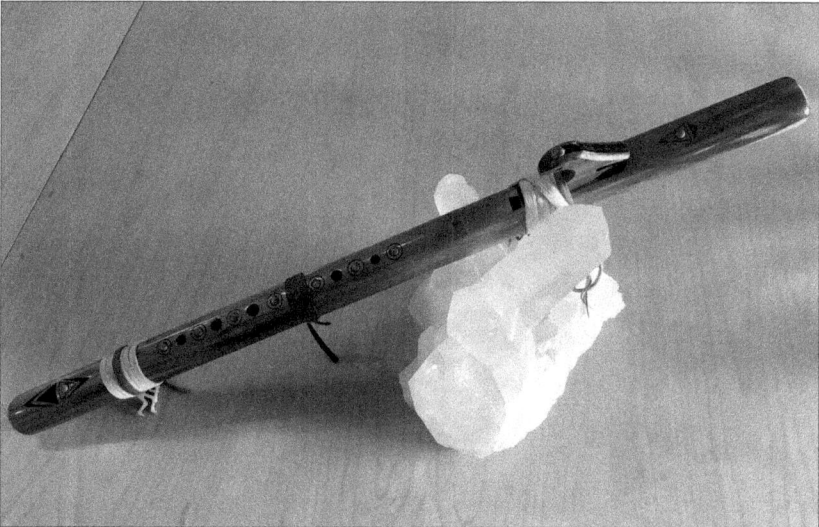

Flauta del autor (foto del autor)

No habiendo tocado la flauta por un tiempo soplé el polvo acu-
mulado. Honestamente, no me creo digno de tener esta hermosa
flauta, ya que después de diez años todavía no he dominado este
instrumento de seis orificios. Cuando comencé a tocar, incluso
con algunas notas básicas, me sentí tentado a continuar. Aunque
no toco como Carlos Nakai —un conocido Navajo/Ute con varios álbumes increíbles— puedo sentir su amor por este instrumento y su linaje conectado a él. Tan puro, natural y simple.
Tocar un instrumento tan parecido al zen —a solas o entre las

paredes de un cañón del desierto del suroeste— es el paraíso en la tierra. Mientras tocaba mi flauta nativa americana entre las paredes del cañón de Sedona y otras áreas del suroeste, sentí que sus tonos daban vida y *Qi* a estas cámaras de arenisca, despertando los espíritus ancestrales. Las paredes del cañón parecen responder de una manera inquietante, haciendo eco y expandiendo el tono, encantando a los presentes, físicos y no físicos.

Volví a tocarla esa semana en mi sala de estar y durante el fin de semana, y sentí el llamado de regresar al Cañón del Chaco. El otoño estaba por llegar, así que era el momento perfecto. Reservé un fin de semana largo, empaqué mi equipo para acampar en el auto y comencé el trayecto que duraría ocho horas. Había seleccionado otro gran grupo de cristales lemurianos, por si acaso me llamaban de nuevo para colocarlos. Les di una limpieza, los bendije, incluso los coloqué en una apacheta en mi patio trasero el día anterior para energizarlos antes de hacer el viaje solitario.

Llegué un jueves alrededor de las tres, y pude encontrar un lindo campamento donde grandes rocas a ambos lados brindaban protección contra el viento y algo de sombra también. Incluso tenía una mesa para picnic, una hoguera y un poco de leña que dejó el último campista. ¡Vaya, estoy *glamping* —acampando con estilo—! Monté mi carpa rápidamente y bajé para hacer una caminata vespertina antes del anochecer. Con sólo un par de horas para pasear, decidí subir por el sendero llamado Alta Trail, pero me sentí forzado a caminar el sendero largo y zigzagueante a buen ritmo, para evitar recibir una multa por estar dentro del parque fuera del horario de atención, después del atardecer.

Al pasar por el enorme complejo de Pueblo Bonito, estacioné mi viejo *Subaru* con mi mochila al hombro, y subí por un sendero estrecho hasta la cima de la meseta. Una vez arriba, pude ver la mayoría de las ruinas del Chaco en el valle debajo. La vista casi a vuelo de pájaro desde la meseta, ofrece una perspectiva de la enorme cantidad de kivas que se encuentran en este antiguo sitio de Puebloan (Anasazi). Las kivas son cámaras circulares subterráneas que los pueblos ancestrales usaban para rituales religiosos, políticos e incluso familiares.

Kivas en el Chaco (foto del autor)

Caminando solo por este sendero de la meseta, pude sentir la presencia de los antiguos chacoanos caminando conmigo, tal vez guiándome a lugares donde debería dejar cristales. Este inusual campo de energía que me apoyaba se percibía como si viniera de un antiguo campo multidimensional.

Admirando la dimensión de este sitio y las kivas debajo una vez más, me alejé del borde de la meseta y me dirigí hacia el norte en un circuito de tres millas.

El enorme complejo de Pueblo Bonito con sus cuarenta kivas, tomado desde lo alto de la mesa (foto del autor)

Al llegar a una kiva desgastada y medio enterrada cerca de Pueblo Alto, quemé un poco de salvia y, en lo profundo de la arena cerca de las paredes, usando mi confiable brújula, coloqué cristales en los cuatro puntos cardinales.

Cristales lemurianos para Chaco (foto del autor)

Luego subí y bajé la energía en espiral con mi sonajero, y toqué una pequeña melodía en mi flauta para honrar aún más y reactivar este sitio sagrado. Me tomé más tiempo del que debería, acelerando el paso mientras corría por la meseta de arenisca. Revolviéndome a través de dos aletas de piedra arenisca, finalmente salí de nuevo a la meseta. Los cuervos volaban en círculos en el cielo mientras el sol creaba un resplandor naranja en la meseta de arenisca, resaltando los contornos y grietas con sombras crecientes. Esa noche de otoño, el viento era suave y la temperatura fresca. Se acercaba el atardecer y yo estaba a una milla del estacionamiento.

Caminaba a buen ritmo, cuando un cuervo grande de repente aterrizó frente a mí en el camino y me graznó en voz alta. Me detuve brevemente, luego continué caminando, pensando que simplemente se iría volando. En cambio, simplemente voló unos veinte metros por el sendero, se dio la vuelta y volvió a graznar. Repitió esta maniobra tres veces, momento en el que me detuve y lo miré. Telepáticamente estaba tratando de decirle:

—Amigo, tengo prisa y voy a conseguir una multa del guardaparques Gerardo si no me dejas pasar.

Siguió *cra*, *cra*, *cra* sin parar, y le dije:

—Está bien, ¿qué es? —Luego saltó a la izquierda del sendero otros veinte metros y pareció invitarme a que lo siguiera. Así que lo hice.

Rápidamente me llevó al borde de la meseta, donde curiosamente, la gran creación en forma de D de Pueblo Bonito, estaba a sólo un par de cientos de pies debajo de nosotros

Pueblo Bonito con su forma de D visualizada desde la mesa (foto del autor)

Aliviado de no ver un guardabosques junto a mi coche, pude ver al cuervo hacia el oeste. Tomando unas cuantas respiraciones profundas y asimilando la situación, me relajé más con el cuervo al borde del precipicio. Se sentó allí pacientemente, mirando a su alrededor y graznando. Casi le grito. Volviendo a mirar hacia abajo, me di cuenta de que estábamos perfectamente alineados con el centro de Pueblo Bonito. Si uno colocara una flecha gigante en la cuerda de la línea recta de la forma de D, el culatín de la flecha se alinearía con nuestra ubicación. Vaya, pensé. Quizás este cuervo inteligente me ha traído aquí para colocar un cristal. Probablemente me ha estado observando todo el tiempo. Buscando un lugar para colocar un cristal permanente, noté que todo era piedra arenisca sólida excepto por un pequeño borde que se curvaba justo antes del borde del precipicio. Algo peligroso, pero tal vez podría colocar uno debajo de esta grieta natural. Metí la mano en mi bolso y saqué un hermoso cristal de cuatro pulgadas de semillas lemurianas. El crepúsculo le obsequió un hermoso brillo dorado. Podía sentir su energía radiante haciendo cosquillas en el centro de mi palma derecha.

Perfecto, pensé. Saqué un poco de arena de la fisura con la yema del dedo, y decidí ampliarla un poco para poder meter profundamente este bebé de cristal para toda la eternidad. Sentí algo sólido mientras hacía esto y pude quitarlo con un pequeño movimiento. Debe ser un pequeño trozo de piedra arenisca, pensé. Al sacarlo, me sorprendió ver un cristal de cuarzo de tamaño y forma similar al que me estaba preparando para colocar. Lo limpié, aturdido por lo que estaba viendo. ¿Cómo llegó aquí este cristal similar? No hay cristales en ninguna parte de la meseta, sólo arenisca y piedra caliza.

Mientras miraba mi cristal y el otro que acababa de descubrir, sentí una sensación de atemporalidad, una calma y un reconocimiento de que esto no era una casualidad. El cuervo me había llevado allí por una razón. La idea tranquilizadora que me llegó fue básicamente la siguiente: *Fred, no estás loco por colocar cristales por todo el mundo; estás siendo guiado por el espíritu para hacer este trabajo profundo para Gaia.* Haciendo lo posible para asimilar todo desde mi mundo consciente en 3D y superiores, contemplé la probabilidad extremadamente improbable de encontrar un cristal casi idéntico en esta ubicación. Reconociendo las enormes probabilidades en contra, acepté la idea con gratitud hacia el cuervo y las fuerzas misteriosas que me rodeaban en la meseta.

Miré las plumas negras del cuervo que brillaban con el sol poniente y luego lo miré a los ojos. Se había quedado conmigo durante este momento atemporal. Dándole las gracias de todo corazón rompí a llorar, sentado, tratando de decidir qué hacer.

Segundos después, la respuesta fue clara. Emparejé los cristales y los coloqué nuevamente en este lugar sagrado. Quizá vuelvas a colocar un tercer cristal en otra vida. Al hacer esto, los empaqué firmemente con la arenisca circundante y bendije el evento, el cuervo y el lugar. A estas alturas ya se había puesto el sol, el cuervo se había ido volando y yo caminaba de regreso hacia mi coche en el crepúsculo. En este punto, no me importaba si me multaban. Al llegar casi al anochecer, no encontré ninguna infracción ni guardabosques para reprenderme por quedarme tarde. Subí y manejé unos cien metros hasta el puente, cruzando un desierto. Mientras miraba hacia el este, miré un enorme álamo en la orilla. Para mi asombro, vi —recortados por el cielo gris del crepúsculo— al menos cien cuervos posados en las amplias ramas. Sentí la obligación de honrarlos, ya que uno de ellos me había mostrado el lugar sagrado para dejar un cristal.

Aparqué en el puente, apagué el motor y me acerqué a la barandilla, mirándolos. Sentí los espíritus de los ancianos chacoanos entre ellos mientras me miraban en silencio con curiosidad. Respirando hondo —expandiendo mi corazón hacia el amor y la unidad— les envié otro mensaje de profunda gratitud. Segundos después, todos ellos me graznaban al unísono. Las lágrimas corrieron por mis mejillas cuando aparentemente reconocieron mi mensaje y lo devolvieron energética y vocalmente.

Conduciendo fuera de allí, me sentí desconectado del mundo moderno, pero con una sensación de conexión con este cañón polvoriento y enigmático. Al regresar a mi campamento, encendí la estufa para calentar un sabroso *chili* vegetariano. Pronto la Osa Mayor y otras constelaciones brillaron desde arriba, llenándome con una sensación expansiva familiar, haciéndome parte del universo. Machacando un periódico viejo y formando un pequeño tipi de madera, encendí una bonita fogata, mirando las brasas danzar hacia el cielo. Vaya, qué comienzo tan increíble para este viaje. ¡Quién sabe qué más vendrá en mis próximos días aquí!

Después de quemar mi pequeña pila de pino, me arrastré hasta mi carpa de acampar y comencé a meditar, acostado, con mi cristal lemuriano en la frente. Aproximadamente veinte minutos después, de repente tuve una visión de una niña nativa americana con cabello largo y oscuro —probablemente en su adolescencia— colocando el cristal de cuarzo que acababa de descubrir. La miré a los ojos percibiendo un espiral en sus pupilas con una esencia atemporal. No pude establecer el cuándo sucedió allí, sin embargo estoy seguro de que fue de hace cientos de años, cuando los chacoanos habitaban la zona. Me parecía familiar, pero no pude captar su nombre o si estaba relacionada conmigo de alguna manera. Agradecí al universo por esta imagen y continué mi meditación, simplemente pidiendo estar más conectado con el Cañón del Chaco y las antiguas energías y sabiduría del lugar.

Pasaron otros diez minutos más o menos, cuando me sacudió una oleada de energía que atravesaba el cristal de mi tercer ojo, que luego viajó por mi columna hasta mis pies. Mis piernas se sacudieron en repetidas ocasiones, y se sintió casi orgásmico, pero fluyó de la cabeza a la raíz en lugar de la raíz a la cabeza. Entre cada oleada de energía respiré profundamente y luego me golpeó una y otra vez. ¡DIOS MÍO! ¿Qué está pasando? Había tenido un aumento ocasional y un flujo así antes, pero éstos fueron diez veces más intensos. Experimenté las olas de energía durante al menos una hora, luego finalmente me deslicé en el estado de sueño hasta que me despertó el sol de la mañana.

Después de mi abundante desayuno de avena, cargué mi mochila con agua, bocadillos y mi flauta para caminar y meditar alrededor de más complejos. Estacionándome en el comienzo del sendero, caminé por el cañón hacia el sitio de Casa Chiquita. La caminata comenzó a parecerme surrealista de nuevo mientras caminaba por este sendero ligeramente arenoso, observando petroglifos —símbolos grabados en roca— también al cuervo que ocasionalmente volaba por encima o se posaba en el borde del cañón.

Puertas de Pueblo Bonito, Cañón del Chaco (foto del autor)

Al llegar a Casa Chiquita —una casa aún no excavada formalmente de aproximadamente treinta y cuatro habitaciones en una sola planta— encontré un lugar sombreado para relajarme y meditar, apoyado contra uno de los ancestrales muros. La piedra arenisca de las paredes tiene un patrón único de piedra fina en capas y lodo, que las mantiene unidas. Esta característica mampostería ha ayudado a que los muros se mantengan en pie desde su construcción, aproximadamente 900–1150 d.C.

La madera para las vigas de las puertas, ventanas y kivas solía transportarse desde las montañas a más de sesenta millas de distancia. Los arqueólogos perforaron pequeños tapones de madera para fechar el carbono de los sitios y los tipos de árboles utilizados. Se estima que se talaron 225,000 árboles para construir las estructuras del Cañón del Chaco.[9]

Refrescándome a la sombra e hidratándome en esta cálida tarde, me senté con las piernas cruzadas —postura fácil para mí—, y un cristal en cada mano, para resonar con este sitio. La arena suave me conectó perfectamente, y la gélida pared de piedra en mi espalda se sintió maravillosa cuando me dejé caer suavemente en este lugar centenario. Esta vez comencé a percibir la energía que me atravesaba el coxis o el chakra de la raíz mientras meditaba. Fue un ligero flujo de energía sin sacudidas. La sensación fue relajante y nutritiva. Meditar en la meseta alta —y más abajo junto a la vaguada— me dio una sensación más variada de las energías del Cañón del Chaco. Me aventuré más hacia el oeste en el camino para ver el pictograma rojo, que probablemente produjo la supernova vista por ellos en el año 1054.[10]

El Cañón del Chaco siempre me ha fascinado por sus alineamientos arqueoastronómicos, especialmente en Fajada Butte, donde los solsticios de verano e invierno eran monitoreados por las sombras proyectadas por dos grandes piedras frente a un petroglifo en espiral.

Fajada Butte en Chaco (foto del autor)

Al descubrir estas alineaciones en 1977, Anna Sofaer pudo fotografiarlas antes de que las piedras se salieran de su posición a finales de los ochenta. Esta área ha estado cerrada desde entonces, y sólo he podido apreciar Fajada Butte desde la distancia.

La gran kiva de Casa Rinconada también tiene alineaciones impresionantes con los puntos cardinales y un nicho iluminado por el sol durante el solsticio de verano:

Daga de sol de **Francine Hart**

La Casa Rinconada tiene un diámetro interior pro-
medio de 63 pies (19.2 m). Contiene todas las características generalmente asociadas con las grandes
kivas, incluida una cámara de combustión, una ban-
ca, cuatro grandes fosos para sentarse que servían
también como soportes del techo, dos bóvedas de
mampostería y 34 nichos que rodean la gran kiva.
Además, la kiva incluye un pasaje subterráneo de 39

pies de largo (12 m), tres pies de profundidad y casi tres pies de ancho, que conduce a la habitación desde la antecámara norte. El pasaje subterráneo habría permitido a los chacoanos —quizás especialistas en rituales— entrar en la gran kiva sin ser vistos y luego emerger de repente.[11]

Después de este largo día de caminata, regresé al campamento para preparar la cena. Encendiendo mi estufa portátil, calenté un poco de sopa y me relajé en mi silla de campamento. La temperatura comenzó a bajar rápidamente después de la puesta del sol, así que junté la leña que me quedaba para hacer otro fuego en la hoguera. Un par de chicas pasaron y me preguntaron si podían disfrutar del fuego conmigo. Eran de la cercana cuidad de Albuquerque. Les dije que tomaran sus sillas y se acercaran. Charlamos durante una buena hora, recuerdo haberles contado la aterradora historia de mi hijo cuando fue mordido por una víbora en Nepal y sobrevivió, además de haber tenido una breve charla sobre mi trabajo como médico familiar. Después de un par de bebidas, regresaron a su campamento y yo me metí en mi bolsa de dormir, quedándome dormido rápidamente después de un largo día de exploración.

A la mañana siguiente, hice una breve visita para colocar cristales alrededor del exterior de la gran kiva en las cuatro direcciones, usando mi brújula. Estaba solo, así que toqué mi flauta, pero me detuve cuando vi a las chicas de la fogata subiendo la colina. Después de una breve visita, me despedí y regresé al campamento para empacar mi equipo y hacer el largo viaje a casa. Mientras conducía por el camino de tierra con ondulaciones, pasé por un *hogan* —una vivienda tradicional navajo—, y reflexioné sobre mi viaje místico. *Vaya, ¿cómo voy a procesar este fin de semana largo, y qué significa todo esto para el resto de mi camino en la vida?*

Al llegar a casa en Denver, le expliqué ampliamente a la familia lo que había sucedido, sin embargo sentí que era un viaje difícil de transmitir.

Al regresar a mi consultorio el lunes volví a ponerme al día. El martes recibí una llamada telefónica de Steven, un psicólogo que reside en Albuquerque, Nuevo México. Un amigo de un practicante de medicina energética que trabajaba en mi oficina me había conectado con él por teléfono hace varios meses, ya que ambos compartíamos intereses en el chamanismo. Estaba planeando enviarme una copia de su libro sobre los sueños chamánicos, así que pensé que simplemente estaba llamando por esto.

Con su voz muy emocionada, dijo:

—Fred, no vas a creer esto. Hoy almorcé con un par de colegas. Comenzaron a hablar sobre sus aventuras en el Cañón del Chaco el fin de semana pasado y mencionaron una charla junto a la fogata con un médico de Denver —les dije—: Sólo conozco a un médico en Denver y su nombre es Fred Grover. Ellas respondieron:

—Dios mío, ése es él. Mira, aquí tienes su tarjeta de presentación.

—Sonreí y no podía creerlo. Metí la mano en mi cartera y saqué un gran sobre acolchado con tu nombre y dirección con mi libro adjunto. Les dije que había tenido la intención de enviarte esto por correo por mucho tiempo, ¡y qué extraño es que este mismo día decidiera enviarlo después del almuerzo! Por supuesto, aquí estoy, almorzando con ustedes después de que lo conocieron al azar. ¡Eso es sincronicidad, hermano!

Dijo que las mujeres se quedaron boquiabiertas cuando sacó el paquete. Cuando escuché esto, ¡me quedé estupefacto también!

—Vaya, Steven, si eso no es sincronicidad y el universo hablando, no sé qué es.

Ambos nos reímos, prometiendo encontrarnos poco después de este inexplicable suceso. Ese día no tuve tiempo de compartirle mi historia del cuervo y el cristal por teléfono, pero lo hice más tarde, cuando nos encontramos por primera vez. Todo lo que necesitaba para realmente perder la cabeza ese día era ver un cuervo aterrizar en el alféizar de mi ventana con un cristal en el pico.

El Cañón del Chaco sigue siendo muy especial para mí. Continuaré visitando ese lugar encantado cuando pueda, esperando mi próxima sorpresa enigmática...

Capítulo 5:

Despertando la divina energía femenina del Lago Titicaca

Habían pasado cuatro años desde mi última visita a Perú, en 2011. Continué mi trabajo meditativo y me encontré viajando profundamente en estados de sueños chamánicos, especialmente cuando combiné terapia de sonido y geometría sagrada. Las modificaciones a mi espacio de meditación en 2015 me ayudaron a alcanzar estados más profundos más rápidamente, e incluso experimenté viajes espirituales periódicos fuera de mi cuerpo. La combinación de la cama de sonido y una forma de estrella tridimensional geométrica sagrada (de metaformas), suspendida de un cable sobre mi tercer ojo, mejoró aún más el flujo de energía. Me percibí a mí mismo abriendo mi cuerpo de luz luminoso, y luego sentí la energía de la luz fluyendo libremente como un río hacia mi tercer ojo, descendiendo hasta mi chakra raíz y mis pies. Era similar a lo que podía hacer un solo cristal de cuarzo, pero amplificado tres veces, con la forma tocando la región del tercer ojo de mi frente.

Experimentando, descubrí que agregar cuatro cristales a la forma, conectados con cobre, aumentaba aún más su capacidad para canalizar energía y conexiones con el cosmos.

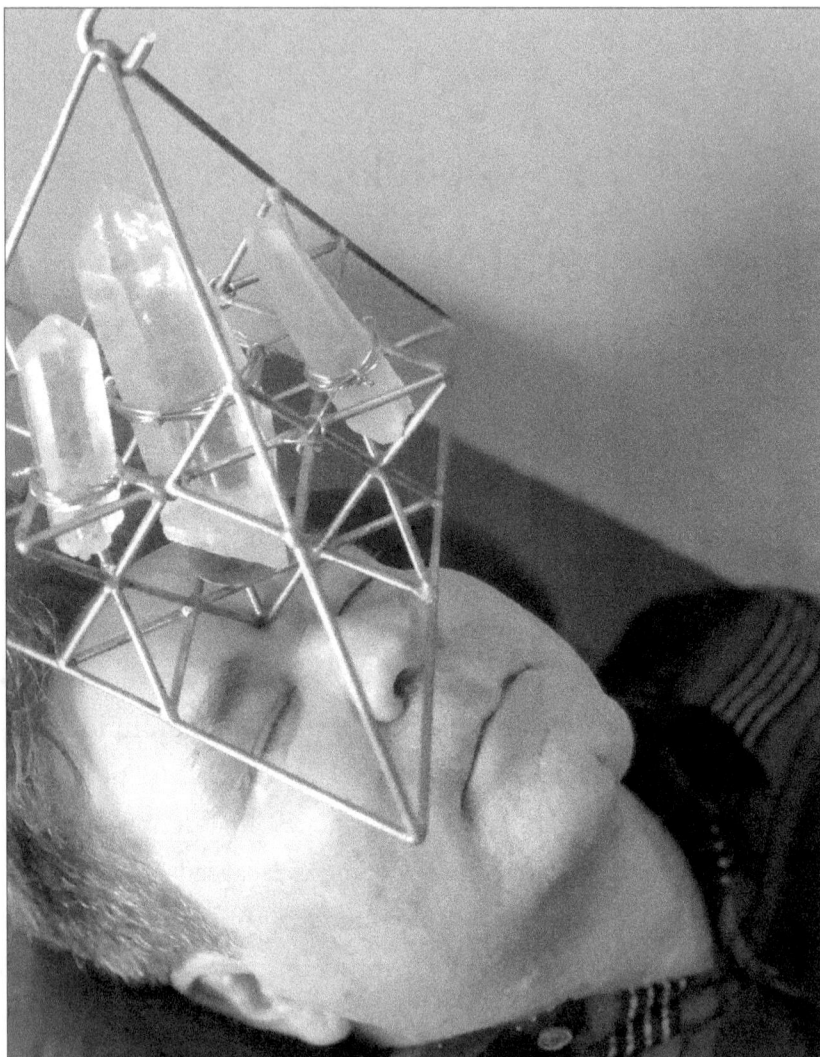

Autor con estrella tridimensional y cristales lemurianos (foto de Keaton Grover); Estrella tridimensional creada por Gregory Hoag; consulte: iconnect2all. com para ver esta forma geométrica, la Rejilla de Unidad y otras.

Tocaba música basada en frecuencias, como ritmos binaurales o música de mantras, para ayudar a equilibrar mi cuerpo energético y abrir mis chakras. Más tarde, al comprar el elaborado Portal de Conexión Pleyadiana, lo coloqué en el alféizar de la ventana junto a la cama de sonido. Esto fue concebido por Christine Day y luego construido por Gregory Hoag, experto en Geometría Sagrada de Lyons, Colorado. Como ellos lo describen, "Este poderoso sistema de antenas geométricas sagradas, incluye la estructura pleyadiana Cubo de Metatrón: anillo toroidal con espiral caduceo y mezcla alquímica de varios cristales cargados."[12]

Portal Pleyadiano en el espacio de meditación del autor, diseñado por Christine Day y construido por Greg Hoag; consulte: iconnect2all.com para conocer esta y otras metaformas.

Encontrar esta alquimia de geometría, sonido y cristales para optimizar el campo meditativo tomó tiempo. Me permitió contemplar las geometrías de las pirámides, Stonehenge, Angkor Wat y muchos otros sitios antiguos que entraron en el campo en una escala mucho mayor y más complicada. Si bien mi espacio está lejos de tener las alineaciones geométricas y de resonancia de la Gran Pirámide de la Cámara de los Reyes de Giza, contiene geometrías alineadas con ella, así como la capacidad de hacer resonar el tono F agudo que se encuentra en la cámara. Cualquiera puede crear un espacio de meditación poderoso, pero creo que es mejor incorporar lo que resuena con su cuerpo energético.

Una noche, mientras hacía una meditación más prolongada de tres horas —marcando estas diversas herramientas— pude verme volando hacia el sur sobre América Central y finalmente me encontré flotando sobre lo que yo creía era el Lago Titicaca. La mitad oriental está en Bolivia —con los Andes fluyendo agua hacia él— y la mitad occidental está en Perú. Al observar el lago sagrado, sentí que se había agotado su energía. No podía percibir si esto era por la contaminación o la falta de atención a sus necesidades energéticas, que alguna vez fueron bendecidas por los incas, y los templos preíncas de Tiwanaku y Puma Punku al sur. Había un resplandor de luz desde su punto más profundo, pero sentí que era mucho más radiante en el pasado. Según la leyenda preínca e inca, Viracocha, el dios creador, emergió de las aguas del Titicaca para crear la humanidad y todo lo demás en el mundo.

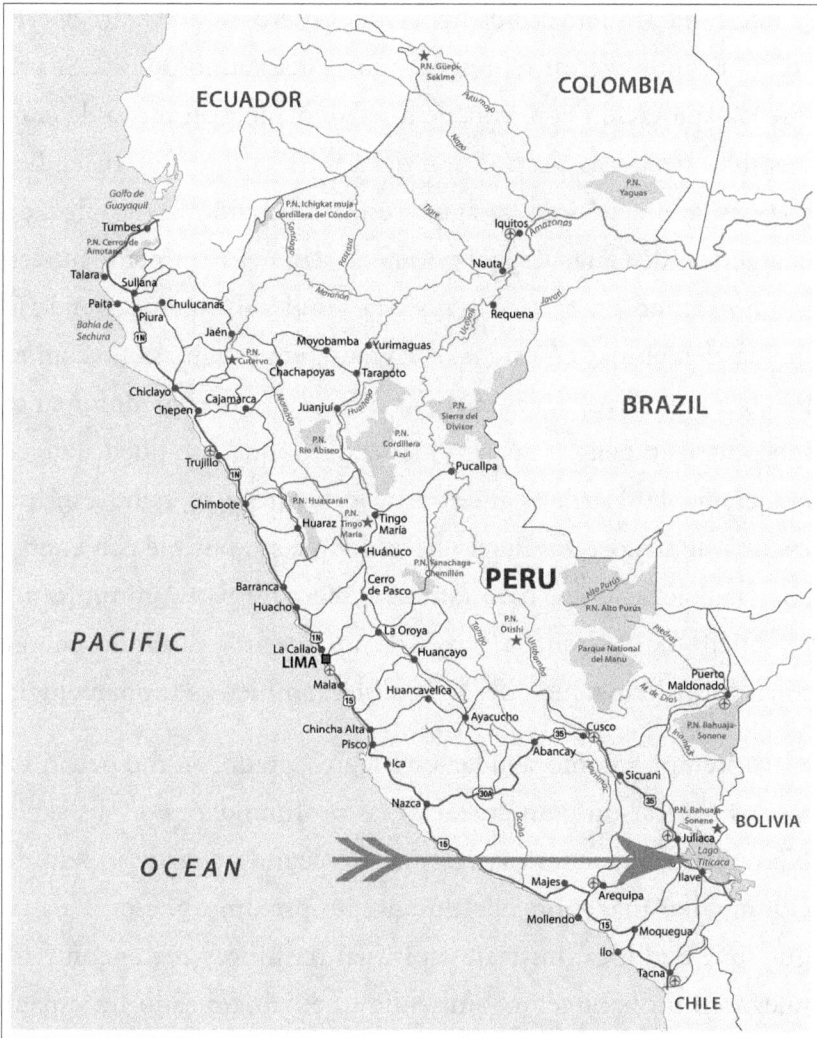

Ubicación del lago Titicaca en América del Sur (iStock)

Se describe como la cuna de la civilización inca.

Mientras observaba el lago en mi estado profundo, tuve la idea de que necesitaba algún tipo de impulso de energía para ayudarlo a recuperar su energía vital, o prana. Muchos chamanes ven este lago profundo a gran altitud rodeado de montañas como la representación de lo femenino divino, o el útero de la Madre Tierra, con el Monte Everest representando al masculino divino. Se cree que la explotación continua de nuestro planeta en busca de combustibles fósiles, la destrucción del hábitat a través de incendios, y la contaminación de las aguas, están afectando las propiedades energéticas de Gaia, al igual que afectarían negativamente nuestro propio campo energético y nuestra salud. Al nutrir las energías divinas femeninas en este lago sagrado, era y sigue siendo mi esperanza contrarrestar las energías masculinas más predominantes que ponen en peligro nuestro planeta. Aunque esto puede parecer exagerado, la Tierra es nuestra nave madre y su salud está por encima de su corteza. Puedo hacer lo que sea posible con energía con las colocaciones, pero también hacer mi parte minimizando mi huella de carbono a través de mi hogar, utilizando energía solar. Respaldar soluciones sostenibles también es fundamental.

Al contemplar cómo ayudar este lago sagrado, se me ocurrió al menos colocar un gran cristal en las profundidades de sus aguas. No tenía idea de cómo se vería esto o cuándo ocurriría, pero decidí meditar más sobre ello durante los próximos meses. Una vez que tuve esta idea, mi viaje espiritual terminó y me encontré de nuevo en mi habitación, sintiendo que había dejado un espacio multidimensional atemporal.

Más tarde esa semana, le dije a mi familia que iría al Lago Titicaca en un futuro cercano. Me miraron como si estuviera loco, y todo lo que pude decir fue "estoy llamado para ir allí, y debo ir". Este lugar mágico, el lago de agua dulce más grande de América del Sur, se encuentra a una altitud de 12,000 pies y está flanqueado al este por la escarpada cordillera de los Andes Bolivianos.

Después de muchas meditaciones, tuve la idea de que para que fuera efectivo, debía amplificar el poder del cristal lemuriano para colocarlo en el lago. La forma geométrica sagrada de la Rejilla de Unidad de Gregory Hoag con la que había estado meditando, vino intuitivamente como la forma perfecta para alquimizar con el cristal que se colocaría. Según él, esta forma esférica contiene sesenta triángulos interconectados, cada uno con los mismos ángulos que las caras triangulares de la Gran Pirámide de Giza. Es el orden superior de dos sólidos platónicos, el dodecaedro y el icosaedro, que se entrelazan formando una cruz en la proporción de relación Fi. La forma resuena con el ADN y amplifica el amor, la compasión, la gratitud y nuestra conexión con la unidad. Rodear el gran cristal con este campo geométrico permitiría que el agua se conectara a él de forma radial, creando una bola dinámica de energía en las profundidades del centro del lago —observe las fotos en las próximas páginas—. Mi vista inicial del lago en el sueño chamánico me mostró que se emitía una tenue luz blanca, casi como una linterna que intenta brillar hacia la superficie. La imaginé recuperando un sombra de luz iridiscente de espectro completo —altamente energizado con intensidad de faro— que había estado presente en el pasado distante. Algo análogo a un monje tibetano que logra el Cuerpo Arcoíris, este lago sagrado necesitaba la energía de la luz del arco iris llenándolo desde sus profundidades más agudas hasta las orillas, los arroyos que la alimentan, las montañas y demás. La creación de este campo podría ayudar a purificar las aguas y proteger las especies de ranas en peligro de extinción y otras criaturas endémicas de este lago embrionario. Lo más importante es que lo visualicé irradiando la energía femenina divina a todo el planeta, contrarrestando las energías oscuras predominantes de la codicia y el poder que surgen de las energías masculinas desequilibradas. Reconocí la interrupción que podría crear al amenazar los campos de energía masculina en Gaia, pero me di cuenta de que este reequilibrio estaba vencido.

Buscando más información sobre mi viaje a Perú, me senté a cenar con mi amiga Jonette Crowley —autora de *The Eagle and the Condor* (El Águila y el Cóndor), y una conocida canalizadora— para conocer sus pensamientos sobre el tiempo y algunas otras cuestiones. Después de describir lo que había descargado y planeado hasta ahora, sintió que el momento debería ser durante la próxima luna de sangre. Se llama luna de sangre debido al tono rojizo que se produce por la refracción de la luz solar alrededor de la atmósfera de la Tierra durante un eclipse lunar total. Por supuesto, también acontecen alineamientos energéticos y espirituales con este evento. El otro elemento que sintió que se necesitaba era una roca azul o turquesa para rodear el cristal lemuriano. Me compenetré más en eso, preguntándole si nuestra roca de amazonita local del cercano condado de Teller, Colorado, sería una buena opción.

—¡Sí! —ella dijo.

—*Excelente* —dije—. *Me encanta su color azul caribe y siento que ayudará a conectar más la esfera con las aguas.*

El espectáculo de piedras y gemas de mi ciudad acababa de tener lugar, perdí esa oportunidad. Al llamar a algunas tiendas, me sentí desanimado al saber que nadie tenía amazonita. Como esfuerzo final, decidí pasar personalmente por la tienda *SpiritWays* no lejos de mi casa. Mirando a mi alrededor, vi una gran selección de gemas, pero no amazonita. En lugar de salir por la puerta, le pregunté a la dueña si tenía alguna en el almacenamiento trasero y ella respondió que era un disparate que se la solicitara. Dijo que una chica llegó esa mañana con una caja de amazonita para ver si quería comprarla y la rechazó, pensando que no podría venderla. Ella le comentó que había recolectado las piezas por su cuenta hace años, y sintió la necesidad de dejarlas ir para otra persona. Casi como si hubiera recibido un mensaje para soltarlas. Que afortunadamente dejó su número, y la llamaría para ver si todavía la tenía.

—¿Para qué quieres la amazonita? —preguntó la comerciante.

—Bueno, no la voy a poner en una estantería, sino a hacer algo un poco diferente. Mi intención es colocarla con un gran cristal dentro de una esfera sagrada-geométrica de bronce en las profundidades de las aguas del Lago Titicaca en Sudamérica, para ayudar a reavivar las energías divinas femeninas allí.

Me miró como si fuera de otro planeta, seguido de lágrimas rodando por sus mejillas.

—Dios mío, esto suena mágico. La llamaré por la mañana y le haré saber lo que dices.

A la mañana siguiente, llamó para decirme que las llevaría. En la tienda encontré las piezas más perfectas para meter dentro de la esfera con el cristal. Pensé en mis adentros: *Vaya, esto es sincronicidad fluyendo de nuevo, y que estas hermosas piezas fueron recolectadas a mano por una mujer y liberadas al universo por su intuición es increíble.* Saber que había venido antes ese mismo día para dejarlas ir después de haberlas retenido durante años era aún más auspicioso.

Greg hizo que sus artesanos construyeran una rejilla de unidad de bronce del tamaño de una pelota de baloncesto para colocar el cristal y la amazonita. Era tres veces más grande de lo que imaginaba, así que estaba un poco preocupado de tener que ponerlo en mi maleta registrada. Aseguré los cristales y la amazonita con alambre de cobre en la base, luego conecté algunos otros elementos, incluido un pequeño Buda de bronce, un Dorje —pequeña pieza budista simbólica—, una cruz y un quetzal —pájaro sagrado, que representa la serpiente emplumada arcoíris, Quetzalcóatl, una deidad maya y azteca—. *¡Vaya, esto realmente se está recopilando! De alguna manera, necesito cargar esto ceremonialmente.*

Llamé a Greg y le pregunté si tenía alguna idea de la ceremonia. Dijo:

—Fred, de hecho, tengo un amigo chamán, Daniel Gutiérrez, que vendrá de California el próximo fin de semana. Quizás podríamos hacer una ceremonia en nuestra propiedad con él si te parece.

Daniel Gutiérrez es el autor más vendido de *Radical Mindfulness* (Atención Plena Radical). Recapacitando, pensé ¡bueno, por supuesto que será el próximo fin de semana! Haciendo una breve pausa, respondí:

—¡Suena excelente, Greg! Vamos a hacer que suceda.

Invité a algunos amigos. El fin de semana tuvimos cerca de doce personas formando un círculo cerca de un árbol sagrado. Todos enviamos intenciones para cargar la esfera para crear una activación poderosa, una vez colocada en el lago. Tomados de la mano llamamos en las cuatro direcciones, y cada uno de nosotros envió una oración y la intención de ayudar a activar la Rejilla de Unidad aún más. Luego tocamos nuestros tambores de mano al unísono durante un tiempo, haciendo que esta energía se derramara en espiral hacia el cosmos. Nos dirigimos por el sendero hacia la casa de Greg, y le agradecí a él y a Gail por ser anfitriones de la ceremonia, y a todos los que se presentaron para amplificar la esfera.

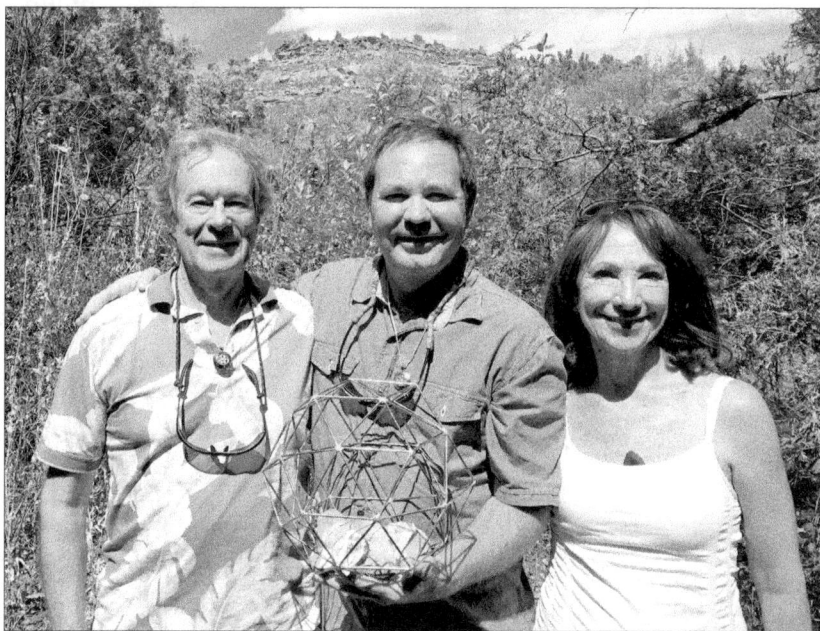

Greg Hoag, el autor, y Jonette Crowley con Rejilla de Unidad justo después de la ceremonia. Activado chamánicamente por un grupo en la tierra de Greg cerca de Lyons, Colorado, y facilitado por Daniel Gutierrez

Logísticamente hablando, había reservado mis vuelos y localizado los lugares dónde hospedarme al llegar a Perú. Estaba preocupado por alquilar un barco y no poder comunicarme con un lugareño en esta misión inusual, que me llevó a las aguas abiertas en la luna de sangre para dejar caer la esfera. Decidí enviarle un correo electrónico a Allyson, quien dirige un centro de retiro chamánico cerca de Pisac, después de aprender los secretos de la ceremonia de ayahuasca con su chamán unos años atrás. Ella me respondió el correo electrónico, dijo que me comunicara. En una llamada por Internet más tarde esa semana, apuntó:

—Fred, no puedo creer que me estés diciendo que te gustaría colocar un cristal en el Lago Titicaca. Hace unos diez años coloqué un cristal entre la Isla del Sol y la Luna, y esa noche hicimos una ceremonia en la Isla del Sol con mi esposo chamán Shipibo. Mientras estaba de regreso, me dijeron que en el futuro alguien me contactaría para colocar otro cristal en el lago. ¡Estoy segura de que eres tú!

Respirando profundamente y procesando lo que acababa de decir, pensé: *¡Vaya, está bien, aquí está el universo respondiendo una vez más!*

—Allyson, ¿hay alguna posibilidad de que puedas reunirte conmigo a finales de septiembre para la luna de sangre y realizar esta ubicación, ayudarme a traducir y hacer la ceremonia?

—Ella tenía clientes en ese momento, pero dijo—: Déjame ver si alguien puede cubrir nuestro centro. Esto es demasiado importante para perdérmelo y me complace ayudarte con la logística. Encontrémonos en Copacabana, Bolivia, luego tomemos un *ferry* (transbordador) a la Isla del Sol.

Unos cuantos correos electrónicos más tarde yo le había organizado vuelos para su esposo Loyver, y Ron su asistente. Traería ayahuasca para una ceremonia sagrada después de la colocación.

Ya que la hora de la partida se acercaba, empecé a organizarme. Al mirar la gran esfera me di cuenta de que era demasiado grande, y probablemente un objeto demasiado extraño para pasar la seguridad del aeropuerto. Decidí envolverlo en algunas camisetas, luego empacarlo en una caja de plástico y registrarlo dentro de mi gran bolsa de lona. Me preocupaba que pudiera ser aplastado o confiscado por seguridad, pero le envié las más profundas plegarias para que llegara sano y salvo. Con todos los cristales adicionales, purificador de agua, ropa, etc., mi maleta pesaba poco menos de cincuenta libras.

Al llegar a Lima a altas horas de la noche me quedé en el hotel del aeropuerto, para poder tomar mi vuelo rápidamente a la mañana siguiente al pueblo de Juliaca, ubicado cerca de Puno y las orillas del lago.

Cuando arribé al aeropuerto temprano para registrar mi maleta encontré la línea increíblemente larga. Esperando unos buenos cuarenta y cinco minutos en la fila tuve la suerte de que un angelical representante de *LATAM Airlines* preguntara mi hora de salida. Rápidamente me llevó al frente para registrar mi maleta, lo que significó que no perdí mi vuelo. Embarqué en el último momento, respiré hondo y envié gratitud al universo. Es curioso cómo las respiraciones profundas se están volviendo cada vez más importantes a medida que viajo a través de estos campos tridimensionales hacia campos interdimensionales. Es casi como si me preparara para hacer una inmersión en la superficie del lago, mientras buceaba y me ayudaba a fluir desde el aire hacia la magia líquida del arrecife, las tortugas marinas y los peces debajo de mí.

Aterrizando en la ventosa y polvorienta ciudad de Juliaca fui hasta el solitario carrusel de equipaje pequeño. Al observar el círculo del equipaje alrededor del torpe carrusel, vi lugareños y sólo unos pocos extranjeros tomar sus maletas. El carrusel estaba vacío excepto por un par de cajas, y nunca vi salir mi bolsa de lona. Pasé un gran susto, supuse que se perdió o no llegó en el vuelo. Esto no se veía bien, mi pulso se aceleró mientras pensaba ansiosamente en el extravío de mi bolso.

Si bien había empacado algunos lindos cristales de respaldo en mi mochila, no podía imaginarme no poder colocar la esfera. Envié algunas plegarias mientras veía girar el carrusel y de repente escuché que algo de equipaje era arrojado a la banda desde afuera. Para mi sorpresa salió directo de las solapas al carrusel. *Santo cielo, ¡hay un Dios!* Pude ver que la caja todavía estaba en la bolsa, aparentemente intacta. Deposité la pesada bolsa en el suelo junto a mí, enviando gratitud por su llegada segura. Mi pulso se había normalizado ahora después de ese evento traumático, y mientras me preparaba para caminar hacia el área del autobús local, una chica me tocó el hombro.

—¿Hacia a dónde vas? —ella preguntó.

—Bueno, estoy tratando de llegar a Copacabana, Bolivia, y luego planeo ir a la Isla del Sol. ¿Y tú?

—Es gracioso, yo también me dirijo allí.

—Muy bien —le dije—. Estaba planeando tomar el autobús local, pero si contratamos un taxi, quizás podríamos llegar en cuatro horas en lugar de ocho y compartir el costo. ¿Cuál es tu nombre?

—Shelley.

—Está bien, Shelley, ¿te apuntas para este viaje?

—¡Sí!

Preguntando, tomó un tiempo negociar un buen precio con un conductor dispuesto a hacer el viaje de cien millas hasta la frontera con Bolivia. Encontramos un muchacho agradable que hablaba un poco de inglés y puso nuestras maletas en la cajuela, se alistó para conducir y salimos. Shelley parecía un poco más joven que yo; claramente tenía un espíritu aventurero también. Su cabello rizado de longitud media con tonos de gris entre el tono café más oscuro le daba una apariencia agradable y natural.

Pensando que simplemente estaba compartiendo un viaje con alguien interesado en el turismo típico, la miré a los ojos.

—¿Qué te trae por aquí? —pregunté, esperando algo más como *quiero ver esto y aquello*, la escuché responder:

—Estoy aquí para ayudar a activar mi energía femenina divina.

Otro momento de sorpresa donde mantuve la calma y respondí:

—Entonces, ¿cómo planeas hacer eso?

—Bueno, mientras trabajaba en un círculo de meditación con mi grupo de chamanes en Squamish, Columbia Británica, les dije que me atraía venir a Perú para ayudar a cumplir esta intención. He reservado algunas excursiones para ver Machu Picchu y Salkantay, pero estoy abierta a todo lo demás. Me dijeron que minimizara mis planes y que simplemente volara hasta el Lago Titicaca y dejara que el espíritu me mostrara el camino. Hacemos nuestros círculos de meditación con una mesa. ¿Sabes qué es una mesa?

Al escuchar todo esto, no supe cómo comenzar mi respuesta, honestamente abrumado por lo que acababa de oír. Tomando unas cuantas respiraciones profundas para procesar su revelación, respondí:

—*Está bien, voy a decirte algo que quizás no creas.* La bolsa de lona grande en la cajuela contiene una esfera con cristales en su interior que planeo colocar en las aguas de la Isla del Sol para ayudar a activar la energía femenina divina del lago. Siento que no es una equivocación que estemos juntos en este coche.

—No es posible —dijo ella—. ¿¡Realmente planeas hacer eso!?

—Por alucinante que parezca, sí. De hecho, me reuniré con una chica y con su esposo chamán del área de Pisac, en Copacabana esta noche. Estás cordialmente invitada a unirte con nosotros en este viaje si sientes que fluye con tu trabajo. Otro detalle interesante es que también soy un transportista de mesa espiritual. ¡Conozco muy pocos portadores de mesa y me parece tan curioso que tú también seas una!

Platicamos todo el camino y antes de llegar a nuestro destino final, ella me hizo saber que quería unirse a nuestro viaje grupal a la isla. Después de cruzar la frontera con Bolivia, y luego tomar otro taxi para un viaje corto a Copacabana, caminamos por la playa hasta el albergue ecológico, donde los demás estaban esperando. El grupo estaba emocionado de escuchar la historia y de que ella viniera conmigo.

A la mañana siguiente partimos en un pequeño bote hacia la Isla del Sol. Al llegar al muelle en el extremo norte nos recibió una joven que nos invitó a quedarnos cerca en la casa de su familia. Nos sentimos cómodos al respecto, así que la seguimos hasta el pequeño albergue familiar donde su madre nos instaló en unas pequeñas habitaciones con impresionantes vistas de los Andes reflejados en el lago azul cristalino. A media tarde hicimos una agradable caminata, esquivando algunos cerdos y cabras en el camino, hasta las ruinas incas de Roca Sagrada y realizamos una pequeña ceremonia en las cercanas Ruinas de Chincana, para bendecir la esfera una vez más.

Rejilla de Unidad se activa en el extremo norte de la Isla del Sol en las ruinas de Chincana (foto del autor)

Mirando hacia el norte de la punta de la Isla del Sol pude ver tres pequeñas islas, cada una de unas cincuenta yardas de diámetro.

Juntas formaban un delta, y sentí que la ubicación más poderosa para colocar la esfera sería en las profundidades de las aguas posteriores a la Isla del Sol en el vértice más distante. De vuelta en el pueblo en la víspera Allyson habló con algunos pescadores locales y me ayudó a alquilar un bote.

Autor con las tres pequeñas islas al fondo (foto de Shelley Genovese)

Temprano la mañana siguiente abordamos el pequeño bote cubierto, para evitar los vientos más fuertes y las olas más tarde en el día. Loyver trajo su flauta y yo llevé la esfera Rejilla de Unidad a bordo para su viaje final. El capitán era un tipo amable, y me molestaba no hablar español con fluidez para conversar con él. Allyson le transmitió el plan de navegación y salimos del pequeño puerto. Al rodear el punto norte de la Isla del Sol el capitán nos llevó por un arco de en ruinas sumergido. Estaba emocionado de que pudiéramos verlo claramente a sólo diez o quince pies por debajo de la popa en las cristalinas aguas azules. Tenía algunos cristales lemurianos adicionales en mi mochila, así que saqué el más grande y lo dejé caer sobre el arco. Mi impresión es que esta región se hundió bajo el agua, ya que el nivel general del agua del lago ha ido disminuyendo, no aumentando.

Continuamos hacia el norte donde sopló el viento y aumentó el oleaje. Cuando Loyver sintió náuseas nos detuvimos un rato en una de las pequeñas islas. Caminando un poco identificamos los cimientos de varias estructuras antiguas y colocamos algunos cristales cerca antes de abordar nuestro pequeño bote. Loyver había resuelto rápidamente sus náuseas, así que desatamos el bote y nos dirigimos de regreso a las turbulentas aguas.

¡Nuestro barco de despliegue del lago Titicaca! Atado en una pequeña isla central justo en frente de aguas profundas para su colocación (foto del autor)

Nuestro capitán dirigió la pequeña embarcación hacia el azul profundo, sólo unos cientos de yardas más lejos del ápice de la isla. Loyver tocó su flauta y todos sostuvimos la esfera antes de que la lanzara suavemente a las aguas azules. Al verla desaparecer de la vista continué orando para bendecir el lago y regenerar y amplificar las energías divinas femeninas, o diosa del pasado.

Mirando hacia el agua y escuchando a Loyver tocar su flauta de repente vi una línea suave de dos pies de ancho que se extendía por toda el agua, desde donde se dejó caer la esfera hasta la orilla de la Isla del Sol. Ésta era una línea distinta no producida por el viento o la estela de un barco. Todo lo que pude detectar fue que la esfera había creado una línea energética hasta el punto norte de la isla. Observamos con incredulidad durante unos minutos cómo permanecía intacta sin ser afectada por el agua agitada ni por el viento. Sentado allí en el bote, mirando a Shelley y la energía radiante de los demás, todo parecía atemporal y surrealista. No fue un día típico en el consultorio. *Vaya, esto realmente sucedió.* Volviendo al momento, el capitán encendió el motor fuera de borda y nos dirigimos de regreso al pueblo con el viento a nuestras espaldas.

La noche de la luna de sangre Loyver y Allyson nos abrieron el círculo chamánico en una de las habitaciones más grandes del albergue. Dijimos nuestras intenciones una a una dando la vuelta al círculo. La mía era simplemente hacer que la esfera irradiara energía de luz a través del lago sagrado y que esto emitiera una energía equilibrada masculina/femenina para sanar nuestro planeta. Luego prepararon y bendijeron la planta medicinal de ayahuasca traída desde la selva amazónica de Perú.

El té de ayahuasca se elabora en la selva tropical rompiendo e hirviendo las guías de la vid sagrada (*Banisteriopsis caapi*) y agregando hojas del arbusto de chacruna (*Psychotria viridis*) que contiene DMT (dimetiltriptamina). El DMT —un enteógeno— tiene un efecto estimulante sobre la glándula pineal, el órgano interior profundo del cerebro que a menudo se identifica con el tercer ojo en el sistema de chakras hindúes. La palabra *enteógeno* significa "generar lo divino del interior."

Cada uno de nosotros bebió una pequeña taza de té amargo y escuchó a Loyver interpretando ícaros y tocando su guitarra. Los ícaros son canciones compuestas por los Shipibo del Amazonas, y están diseñados para ayudar a activar la ayahuasca a lograr una sanación más profunda. En una hora comenzamos a sentir y ver las visiones psicodélicas de esta poderosa vid. Esa noche y en muchos otros viajes con esta planta medicinal he visto el color y la geometría amplificados durante el canto de los ícaros. En cierto sentido la música ayuda visualmente a tejer geometrías de dimensiones superiores, lo que considero que es al menos 5D y algo tan complejo que no podría recrearlo ni siquiera con un programa gráfico de alta gama. La geometría fractalizada se ve a menudo en el arte 2D del artista visionario Alex Gray, y también se puede ver en el 3D en lugares como La Alhambra (palacio) en su arte morisco en el techo.

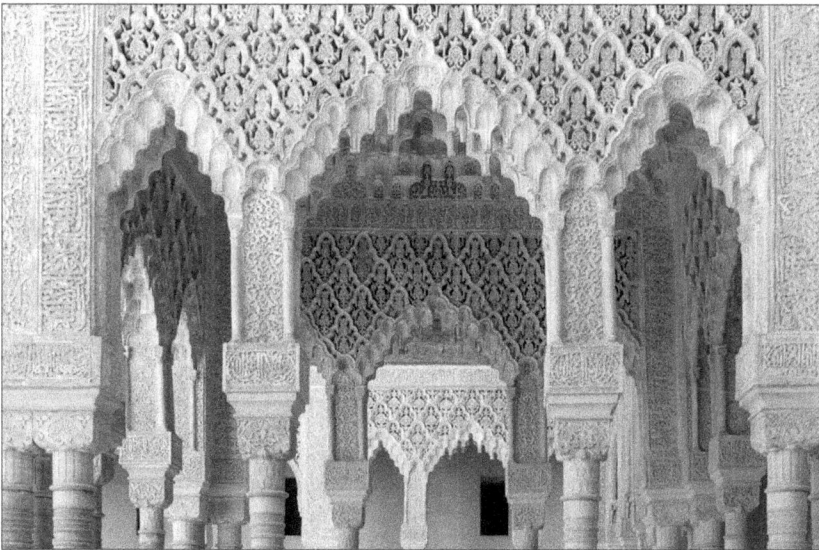

Geometría fractal en la Alhambra (Shutterstock)

Mi viaje comenzó con esta colorida geometría en esa noche de luna de sangre, luego cambió a una imagen de la Rejilla de la Unidad y los cristales brillando intensamente en el fondo del Lago Titicaca. Podía verlo claramente irradiando energía y luz iridiscente a todo el lago, hacia los arroyos tributarios que fluyen desde los Andes. Los apus —espíritus de las montañas— también se estaban conectando con el campo. Mientras aún estaba en esta zona de conciencia limitada envié la intención de difundir esta luz alrededor del mundo —como una banda de luz que se dirigía a los polos norte y sur— luego visualicé la luz girando en el sentido de las agujas del reloj alrededor de Gaia, enviando amor, compasión y luz de sanación a todos. Poco después cambié a un estado más profundo y me sentí viajando hacia el cosmos. Estaba a punto de experimentar el viaje de ayahuasca más increíble de mi vida.

¡Me encontré en una nave espacial sometiéndome a una cirugía de corazón! *¿Qué diablos pasa?* Me quedé despierto en la mesa de operaciones con el pecho abierto, mientras unos seres grises procedían a hacer lo que parecía ser una microcirugía en mi corazón. Había oído hablar de ella, pero nunca había experimentado la disección chamánica. Durante lo que parecieron horas vi cómo me operaban. Al decirles que necesitaba regresar a la Tierra intacto y sano, escuché:

—No te preocupes. Simplemente estamos haciendo algunas mejoras energéticas a tu corazón. Todo estará bien.

Hice todo lo posible para permitir que ocurriera este trabajo de sanación, asegurándome de no tener ningún 'implante', algo sobre lo que me habían advertido mis amigos más cósmicos. En un par de horas, creo, abrí los ojos y pude ver la luna llena de sangre elevándose sobre los Andes.

Luna de sangre ascendiendo sobre los Andes bolivianos y el lago Titicaca (foto del autor)

Su color naranja sangre y su tamaño amplificado eran una vista poderosa. Loyver estaba tocando su flauta, y mientras veía hacia el lago iluminado por la luna sentí muchas náuseas. Caminé hacia la terraza de este segundo piso, miré el lago, me agarré a la barandilla y devolví el estómago intensamente. ¡Afortunadamente no pasaba nadie debajo! Sentí una limpieza de energía oscura de mi cuerpo energético, seguida de una infusión de luz de sanación del Lago Titicaca, las montañas de los Andes y la luna haciéndose visible en el cielo. Allyson salió para ayudarme a fluir esta energía y respirar a través de este malestar, equilibrando mi energía y permitiendo a relajarme. A última hora de la noche me quedé dormido, todavía sintiendo la curación que me sucedía en el espacio de las quimeras.

A la mañana siguiente comentamos lo que nos había llegado durante la ceremonia y platicamos acerca de lo que habíamos sentido y experimentado. Tomé el bote de regreso a Copacabana con el grupo, y me despedí de Allyson y su equipo mientras regresaban al Valle Sagrado. Shelley había decidido acompañarme en un viaje al misterioso sitio preínca de Tiwanaku y Puma Punku antes de irse. Después de un largo trayecto en autobús —con conductor privado— llegamos a Tiwanaku, lugar que se comenta con frecuencia en la serie de televisión *Ancient Aliens* —Extraterrestres Ancestrales, con Giorgio A. Tsoukalos— y el cual tiene los detalles más complejos de granito hechos con de láser, que hasta el día de hoy no han podido ser reproducidos con nuestras herramientas láser y con tecnología para cortar piedra.

Para ayudarnos a comprender este complejo sitio contratamos a un guía local al llegar. Una de las áreas más intrigantes fue un templo subterráneo rectangular que tiene cerca de cien cabezas de piedra talladas de varios grupos étnicos/razas insertadas en las cuatro paredes.

Templo subterráneo en Tiwanaka con cabezas talladas de grupos étnicos de todo el mundo (foto del autor)

El guía señaló las cabezas locales de Tiwanakan y los afroamericanos, asiáticos y otros, pero cuatro cabezas resaltaban. Se trata de cabezas parecidas a un extraterrestre colocadas en cada una de las cuatro paredes, en contraste con sólo una cabeza de la mayoría de las otras razas.

Cabeza alienígena en el templo subterráneo (foto del autor)

93

Claramente en el templo subterráneo esta raza jugó un papel notorio. Decidí preguntarle a nuestro guía algo que ya sabía, sólo para escuchar su respuesta:

—Entonces, ¿crees que los extraterrestres o seres de otros planetas ayudaron a construir este complejo sitio?

—¡Por supuesto! Soy descendiente de Tiwanakan desde hace miles de años y muchas generaciones. Nuestra gente sabe y cree que contamos con la ayuda de visitantes de las estrellas.

Perfecto, pensé. *Él podría haberse limitado un poco, pero esta fue la respuesta más clara y confirmatoria que pude haber pedido.*

Caminando un poco más nos mostró la poderosa Puerta del Sol, con la deidad creadora Viracocha centrada en el arco.

Autor detrás de la puerta del sol (foto de Shelley Genovese)

Los españoles trasladaron esta puerta sagrada a la capital de La Paz hace algún tiempo; afortunadamente fue devuelta al templo de Tiwanaku años más tarde. Lamentablemente la colocaron en la esquina del templo en lugar de en su posición central original más poderosa. A menudo me pregunto si se colocó de nuevo en el templo fuera de su alineación original para evitar reactivar sus poderes. Siempre me lo ha parecido e intuitivamente se siente como un portal para mí. Algún día —si trasladan la puerta a su posición original— ¡me aseguraré de regresar!

En la parte central del templo hay una gran piedra magnética de forma cuadrada. Como nuestro guía le colocó una brújula; la aguja de la brújula giró. *Vaya, nunca había visto eso.* Me sentía inclinado a sentarme y meditar en la piedra, así que le pregunté si podíamos hacerlo. Con una señal de aprobación se dirigió a un descanso y acordó reunirse con nosotros en treinta minutos. Sorprendentemente no había nadie más en el lugar excepto una anciana lugareña sentada en la sombra, tejiendo un suéter. Shelley y yo decidimos sentarnos en medio loto en la gran piedra magnética negra para sentir las energías de este templo. Durante la meditación de veinte minutos sentimos un intenso flujo de kundalini desde nuestros chakras raíz a través de nuestras coronas. Tuve que trabajar con mi respiración para tolerar la intensidad. Hacia el final ambos abrimos los ojos espontáneamente, mirándonos, compartiendo intuitivamente lo profunda que fue la experiencia. Nos reímos diciendo que se sentía como si ambos hubiéramos tenido un orgasmo simultáneamente en la roca. Estoy seguro de que si tuviéramos el lugar para nosotros solos y pudiéramos hacer el amor allí, ¡habría sucedido algo mágico! Lo más intrigante fue cuando me di la vuelta, la anciana estaba detrás de nosotros y simplemente dijo, radiantemente:

—¡Muy bien!.

Era como si ella estuviera allí como anciana del templo, observándonos y al campo que creamos. Después de esto, colocamos algunos pequeños cristales lemurianos en las grietas alrededor del templo para honrarlo, y nos reunimos con nuestro guía.

En el corto viaje en auto hacia Puma Punku, nos maravillamos con las increíbles tallas de piedra megalíticas de múltiples capas, especialmente los llamados "bloques H".

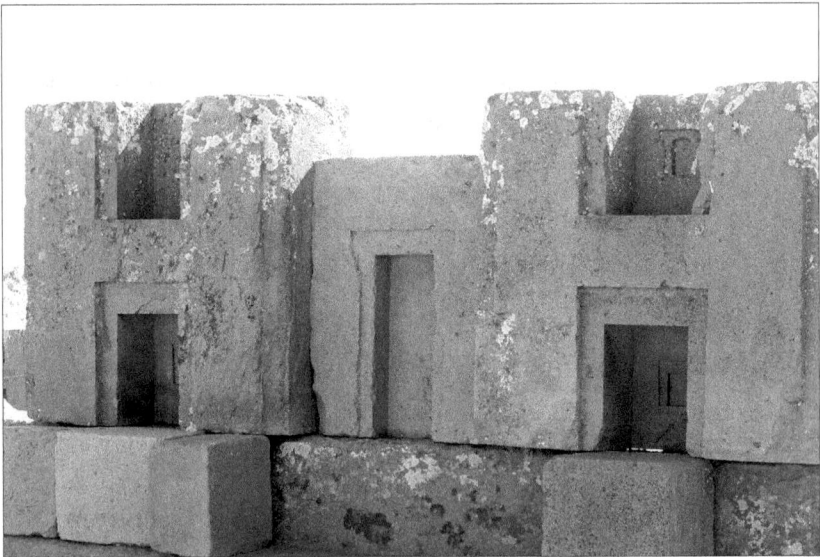

Los bloques H de Puma Punku (foto del autor)

Las piedras están tan esparcidas en este sitio que uno tiene que preguntarse qué evento cataclísmico lo arrasó. Usando modelos de computadora —incluidas miniaturas impresas en 3D— los arqueólogos continúan teorizando sobre su configuración y propósito originales. Una cosa está clara al visitar este sitio, ver el corte de piedras de precisión y los megalitos que tuvieron que ser transportados desde millas de distancia hasta este sitio. Deben haber contado con la ayuda de un grupo extremadamente avanzado de pioneros, movedores y cortadores de piedra —probablemente visitantes de muy lejos—. ¡Tal vez les prestaron algunas herramientas eléctricas y dispositivos de levitación!

Hacer el largo viaje de regreso a Puno, Perú y ver las islas flotantes de los Uros fue impresionante, sin embargo se sintió muy turístico. Sintiéndonos hambrientos esa noche, Shelley y yo disfrutamos de una agradable cena en Puno y luego regresamos a nuestra habitación compartida esa noche.

Nuestras atracciones sexuales y energéticas se habían ido acumulando en los últimos días hasta el punto de que ambos podíamos sentir cómo crecía la tensión. Una conexión palpable más profunda con ella desde mi tercer ojo hasta mi chakra raíz necesitaba ser compartida más íntimamente.

Acostado en mi cama, sintiendo esta tensión creciente, estaba eufórico al escucharla decir:

—Ven aquí y únete a mí para una meditación de respiración.

Ambos nos sentamos en medio loto mirándonos a los ojos.

—Sigue mi respiración —me dijo.

Siguiendo su patrón de "aliento de fuego" profundo y rápido, comencé a sentir mi chakra coronario más ligero y hormigueando en mis manos. Luego Shelley tomó mis manos creando un intenso flujo de energía que viajaba por mis hombros y bajaba hasta mi chakra raíz.

—Canalicemos más luz desde nuestros chakras de la corona hacia nuestros corazones —me dijo —. Luego usemos nuestras respiraciones para bajar en espiral a través de todos nuestros chakras.

Visualizándome, conectándome con la constelación de las Pléyades, la luz comenzó a girar y expandirse a través de mi cuerpo de luz. En este punto, comenzó a formarse un campo resonante de energía que se transformó entre nosotros dos.

Amplificando y haciendo fluir esta luz cósmica más hacia mi chakra raíz, pude sentir su chakra raíz pulsando y resonando con el mío.

Sintiendo mi chakra raíz completamente encendido ahora, me sentí insoportablemente excitado, deseándola profundamente.

A medida de calmar nuestra respiración nos abrazamos, luego nos besamos profunda y apasionadamente acoplándonos aún más. Sosteniendo su frente junto a la mía, nuestro tercer ojo se unió creando una sensación de hormigueo seguido de otra ola de energía que fluía hacia mi chakra raíz.

Lentamente se quitó la ropa dejando al descubierto su hermoso cuerpo. Una vela parpadeante en la mesita de noche iluminó sus pechos proyectando una silueta en la pared junto a nosotros. Quitándome la ropa nos abrazamos sintiendo nuestros corazones latiendo rápidamente entre nuestros pechos desnudos.

En segundos nos encontramos fluyendo hacia un espacio de pasión casi "fuera del cuerpo".

Dios mío, pensé, ¡nunca había experimentado un flujo tan intenso de energía divina femenina! ¿Quizá la ceremonia del Lago Titicaca y la roca magnética la sobrecargaron o a lo mejor es una conexión energética más perfecta?

Colocándose sobre mí nuestros chakras raíz se conectaron e hicimos el amor que se pareció verdaderamente interdimensional. Cuando percibí el impulso de liberarme en ella respiré profundamente y sostuve sus caderas con firmeza. Aumentando su ritmo comenzó a deslizar su *ioni* más intensamente en mi monte púbico.

Sentí el flujo tántrico de energía girando en espiral como un vórtice, y luego transformándose en un flujo tántrico entre nosotros. Pronto nuestros chakras raíz palpitaron con una esfera de energía creciente, y pude visualizar nuestra energía kundalini fluyendo a través de nuestros chakras inferiores, y saliendo disparados de nuestros chakras coronarios. Realmente nos habíamos transformado en un campo unificado de energía que enviamos al universo.

Nos percibimos entonces pasando a un campo vibratorio de unidad. La Rejilla de Unidad en el fondo del Lago Titicaca brilló en mi conciencia durante este momento. Reduciendo nuestro ritmo ahora, bailamos nuestras energías tántricas hasta uno de los orgasmos más intensos que jamás había experimentado. Poco después se soltó y compartió conmigo que tuvo una visión de nuestra energía fluyendo para ayudar a sanar y equilibrar a la madre Gaia. Nunca me había imaginado que este viaje para colocar un cristal en el Lago Titicaca también conduciría a una unión tan poderosa de energías divinas femenina y masculina para ayudar a sanar a Gaia.

A la mañana siguiente le di a Shelley un gran abrazo mientras se dirigía a volar de regreso al norte para visitar el Monte Salkantay, Machu Picchu y otros sitios sagrados.

—Estoy llamada al Monte Salkantay para activar aún más mi energía femenina divina —dijo.

Qué perfecto, pensé mientras miraba sus hermosos ojos. Desearía poder aventurarme allí también, pero nuestros planes de viaje estarían más estructurados en el futuro.

Le entregué la mayoría de los cristales lemurianos que me quedaban y le pedí que los colocara en los lugares sagrados que la llamaban. Su campo áurico irradiaba mientras se despidió. Fue un adiós tan extraño, sentí en mi corazón que volvería a verla pronto, nuestro trabajo juntos no había terminado. Agradecí al universo por su existencia y por su habilidad sincrónica para aparecer y participar en la colocación del cristal en el Lago Titicaca y por mucho más...

Capítulo 6:

Las Calaveras de Cristal, energizando el campo de luz iridiscente de Quetzalcóatl

L a iconografía y las pirámides mayas continuaron entrando en mi conciencia de forma esporádica durante las meditaciones, a veces con el hermoso pájaro quetzal fluyendo energías de luz entre los cristales que había colocado en áreas sagradas. La imagen surgió tanto que esbocé mi visión y luego le encargué a mi amiga artista Danielle Lanslots que intentara crear algo hermoso con geometría sagrada incorporada en el quetzal.

Al pasar un fin de semana en el festival de música de verano *Arise*, algunos artistas me atrajeron aún más a los patrones de los mayas, aztecas y toltecas que exhibieron sus obras en la gran galería de carpas con vistas al escenario de música. Más tarde ese verano, me sumergí aún más en el arte maya de tipo 'visionario' en los *First Friday Art Walks* (Caminatas de Arte de Viernes Primero) de Denver en Santa Fe Boulevard. Comencé a preguntarme si el reconocimiento de patrones de los artistas que se conectaban con esta cultura ancestral estaba siendo mejorado por la ayahuasca u otras medicinas de plantas psicoactivas. Habiendo visto estos patrones al meditar con la medicina chamánica, a menudo había querido tomar un pincel e intentar recrear al menos una escena. Le comenté con franqueza a un artista:

Un Quetzal que conecta las energías de Machu Picchu, Palenque y Chaco como lo imaginó el autor y lo dibujó la artista encargada Danielle Lanslots.

—*¿Has usado ayahuasca o psilocibina para crear este arte?* Sonriéndome, respondió:

—Sí, no sólo me atrajo a los misterios de nuestros antepasados —como los mayas— sino que también me ayudó a vigorizar mi propia creatividad. Mirar las formas de arte maya sirvió como una plantilla estimulante desde la cual expandirme.

Ver este arte y escuchar a los artistas me incitó aún más a expandirme hacia los reinos de los mayas.

Asistiendo a un círculo de meditación poco después de este festival de música y arte, le ofrecí un trabajo de energía a una amiga. A mí también me encanta recibir trabajo energético de los demás, especialmente cuando me siento un poco fuera de lugar.

Ella había estado luchando con varios conflictos y deseaba equilibrar y conectar sus chakras. Después de evaluar su campo energético, coloqué algunos cristales lemurianos en su segundo, tercer y cuarto chakras y luego decidí canalizar la serpiente emplumada maya, Quetzalcóatl. Esta deidad de la luz, dios de la estrella de la mañana, es de origen mesoamericano (maya/azteca /tolteca), con roles complejos que incluyen contribuir a la fertilidad, la agricultura y la sanación; inventar libros y el calendario, y convertirse en patrón de los sacerdotes mesoamericanos.[13]

Algunos mormones sienten que Quetzalcóatl es sinónimo de Jesús, como dijo su tercer presidente, John Taylor: "La historia de la vida de la divinidad mexicana Quetzalcóatl, se parece mucho a la del Salvador; tan cerca, en verdad, que no podemos llegar a otra conclusión que la de que Quetzalcóatl y Cristo son el mismo ser."[14]

Mientras me conectaba con las energías curativas de la serpiente emplumada, podía sentir más luz de la habitual fluyendo a través de mis palmas y yemas de los dedos. Mientras enviaba luz desde la punta de mi dedo índice derecho —tocando la región del tercer ojo de su frente— mi amiga se sobresaltó y dijo

—Dios mío, Fred. ¡Veo la luz del arco iris atravesando mi cuerpo! ¿Cómo estás haciendo eso? —*No estoy exactamente seguro, simplemente me estoy conectando con algunas energías curativas mayas, con la intención de enviarte luz y sanar lo que sea necesario en ti.*

Mientras continuaba haciendo fluir la energía de la luz del arco iris a través de ella, comenzó a sentirse libre de energías oscuras no deseadas y percibió que los vacíos se llenaban con esta energía curativa. La guíe en una meditación para traer por sí misma esta luz a través de su corona y a cada molécula de su cuerpo —infundiéndole luz siempre que fuera posible— para mantener un campo equilibrado.

Fluyendo estas energías y viendo las imágenes meditativamente, me sentí atraído a regresar a Yucatán, para descubrir más misterios ocultos de los mayas. Siguiendo en línea las enseñanzas de Miguel Ángel Vergara —un erudito y maestro de las tradiciones chamánicas mayas— decidí acercarme a él y ver si estaría dispuesto a guiar a un pequeño grupo privado en febrero de 2018. Recibiendo el visto bueno de su equipo comenzamos a planificar un viaje que comenzaría en Chichén Itzá por nuestra cuenta, y luego nos reuniríamos con él en Uxmal cerca de Mérida.

Meditativamente comencé a tener visiones claras cada vez que colocaba un cristal u otra cosa poderosa en los cenotes de Chichén Itzá para despertar las energías de Quetzalcóatl (Kukulkán). Los cenotes *(sinkholes)* se forman cuando debido a la erosión se derrumba una capa superficial de piedra caliza, que luego expone el agua subterránea o acuífero. Los mayas los usaban como fuente de agua y también como lugar para hacer ofrendas a los dioses. Aquí hay una buena explicación de por qué estos cenotes son importantes:

> La cuidad de Chichén-Itzá se estableció durante el período Clásico cerca de dos cavidades naturales —cenotes o chenes— que le dieron el nombre "al

borde del pozo de los itzáes." Los cenotes facilitaron el aprovechamiento de las aguas subterráneas de la zona.[15]

Mientras aprovechaba más esto, las calaveras de cristal seguían entrando en mi campo meditativo. Nunca había sido un gran admirador de las calaveras de cristal, a diferencia de algunos de mis amigos espirituales, y a menudo las encontraba un poco espantosas. Pero sin querer ser crítico, mantuve la mente abierta para ver qué detalles adicionales surgían. Una mañana mientras me bañaba, me di cuenta de algo como si me hubieran enchufado un cable de fibra óptica en la cabeza. Debía colocar dos calaveras de cristal en cada cenote, con un cristal de semilla de Lemuria envuelto junto con ellas. Una calavera sería de cuarzo rosa, resonando con energías femeninas, y el otro de lapislázuli, resonando con energías masculinas.

Es sorprendente que esto haya sucedido mientras me bañaba antes de irme a un día muy ocupado, consultando varios pacientes. Dado el tiempo limitado para prepararme, busqué en línea las calaveras y ordené seis de cada tipo al consultorio. Tenía muchos cristales de semillas de Lemuria en existencia en una caja debajo de mi cama. Una semana después llegó el paquete, con una factura por doce calaveras. Pero curiosamente dentro había un total de trece. Hmm, eso es genial. Me pregunto por qué me dieron una calavera extra. Meditando sobre ello por un tiempo recordé haber visto la película *Indiana Jones and the Kingdom of the Crystal Skull* (Indiana Jones y el Reino de la Calavera de Cristal) de 2008. ¿Cuántas calaveras tenía Steven Spielberg en la película? ¡Trece, por supuesto! Siendo más curioso, investigué cuántas calaveras de cristal mesoamericanas de tamaño natural existen, según la leyenda. Trece era el número, y algunos ancianos mayas dicen que hay cuatro grupos de trece. Existe una controversia continua con respecto a la autenticidad de algunas calaveras de cristal en los museos y el número total que existe.

Pero una que ha capturado particularmente la imaginación del público es la calavera de cristal de Mitchell-Hedges, supuestamente descubierta por Anna, la hija del aventurero y autor F. A. Mitchell-Hedges, debajo de un altar en la cima de una pirámide en la ciudad maya de Lubaantun, Belice. La evaluación realizada por los laboratorios de *Hewlett-Packard* en Santa Clara en 1970 mostró que este cristal muy duro fue pulido mejor de lo que podríamos lograr con herramientas modernas y sin evidencia de marcas de máquina.[16] Los teóricos de la Nueva Era citan la leyenda maya que afirma que cuando las trece calaveras de origen extraterrestre se unan, habrá un despertar de la conciencia de todo el universo.[17]

Si la llegada de trece calaveras en lugar de doce fue un accidente o el universo se burló de mí nunca lo sabré. Independientemente todas vendrían conmigo.

Como necesitaba ayuda en este desafiante viaje, me conecte con mi amiga Terry, quien me había ayudado haciendo varias ubicaciones increíbles en Camboya alrededor de Angkor Wat un año antes. Ella y otros se unirían a nosotros en nuestro viaje espiritual en Yucatán. Terry tiene una habilidad innata para sentir las energías sagradas superiores a 3D y dentro del multiverso. Tener su energía y habilidades de diosa en este viaje parecía primordial para visitar estos lugares sagrados y equilibrar las energías masculinas.

Después de llegar a Cancún, nos dirigimos en automóvil al sitio arqueológico de Chichén Itzá en un par de horas y nos hospe-

damos en el histórico Hotel Mayaland, construido en la perife-
ria de las ruinas en la década de 1920. Incluso existen pequeñas
pirámides en el terreno. Los mil acres del Parque Arqueológico
de Chichén Itzá son ahora Patrimonio de la Humanidad por
la UNESCO, una característica central es "una de las Siete
Nuevas Maravillas del Mundo, El Castillo" —la pirámide de
Kukulkán—.[18] Chichén Itzá fue construida por los mayas durante el período Clásico Tardío —probablemente a partir del 750
d.C.— y la pirámide de Kukulkán está cerca de este sitio central.
Calculamos nuestra llegada para que coincidiera con el eclipse
lunar total del 31 de enero de 2018, también conocido como
Superluna Azul.

Después de instalarnos en el hotel Mayaland, nos reunimos por
la noche para organizar nuestras calaveras en un círculo alrededor
de una calavera grande llamada Rosa que había traído Terry. Esta
calavera había estado en círculo y cargada por la famosa calavera
de cristal de tamaño natural 'Max' descubierta en Guatemala,
por lo que nuestra intención era conectar nuestras trece calaveras con Rosa y las energías de Max, antes de colocarlas. Max es
internacionalmente famosa sujeta de varios documentales, y es
considerada una de las trece calaveras de cristal de los mayas; se
estima que tiene más de diez mil años.[19] Realizando una breve
ceremonia, bendijimos las calaveras y los cristales lemurianos, con
la intención de enviar sanación, activación de energía luminosa a
los sitios mayas; así como para despejar cualquier energía oscura
o almas atrapadas.

Círculo de calaveras con rosa central (foto del autor)

Par de cuarzo rosa / lapislázuli con cristal lemuriano envuelto en hoja de plátano listo para colocar (foto del autor)

Pensé dentro de mi ser: *esto es una locura. Nunca en mis sueños más profundos me hubiera imaginado activando calaveras de cristal en un sitio maya durante una Superluna.*

Luego fuimos a una pequeña pirámide con una parte superior plana y nos acostamos, mirando la luna enmarcada por los árboles de la selva tropical. Terry notó que algunas energías oscuras descendían hacia la pirámide, por lo que unificamos nuestras energías de luz y dirigimos nuestras palmas hacia la entidad, alejándola de nosotros. Todos continuamos nuestra meditación sintiendo las complejas energías de los mayas, y luego nos fuimos a dormir antes de nuestro gran día de colocación de calaveras en Chichén Itzá.

Esa mañana después del desayuno en el hotel conocimos a nuestro guía durante la primera parte del día. Como Miguel aún no podía acompañarnos, contratamos a una chica con un gran conocimiento espiritual y arqueológico. Caminando por el complejo ella señaló cómo el solsticio de verano crea en El Castillo un patrón ondulado de una serpiente, que representa el descenso de la Serpiente Emplumada Kukulkán al sitio sagrado. Esta enorme pirámide de 78.7 pies de altura tiene nueve niveles y está bien conservada después de las excavaciones y restauraciones a fines de la década de 1920. A principios de los noventa recuerdo haber subido sus empinados escalones, hoy ya no se puede escalar, debido a que han ocurrido demasiados accidentes e incluso una muerte cuando una modelo trató de ascender en tacones altos.

El autor con la pirámide de Kukulkán de fondo (foto de Terry Smith)

La guía explicó cómo se construyó la pirámide sobre un río subterráneo (acuífero) y cómo este río se separó en el cenote sagrado del norte y en el cenote Xtoloc del sur, creando una boca y una cola respectivamente. Tenía sentido lógico y enérgico que los mayas hicieran ofrendas en las aberturas del cenote del chakra de la corona y la raíz de este río en forma de serpiente, que fluye por debajo de la pirámide. También hay dos cenotes adicionales menos conocidos en esta área, lo que hace un total de cuatro. Cómo les fue posible localizar el río subterráneo sin un ultrasonido terrestre y construir esta inmensa y pesada pirámide —mientras la alineaban perfectamente para el solsticio— está por encima de la comprensión de los arqueólogos y científicos.

Después de nuestro recorrido por las pirámides, el juego de pelota y el observatorio, nos dirigimos al cenote norte para colocar el par de calaveras de cristal. Vimos pasar vendedores que ofrecían de todo, desde máscaras de jaguar y pirámides hasta silbatos, y finalmente llegamos al borde del cenote norte..

Cenote norte (sagrado) (foto del autor)

Establecimos la intención de sanar y enviar luz a este sitio y sostuvimos las calaveras en nuestro corazón enviando amor, luego a nuestro tercer ojo mientras las conectamos a la unidad del universo. Sostuve el poderoso paquete envuelto en una hoja de plátano y luego

lo solté, observándolo arquearse y aterrizar en el centro del agua verde oscuro del cenote. Mientras una onda de energía visible y palpable se movía a través de la superficie, imaginé ver el bulto descender hacia el fondo del cenote, para limpiar cualquier energía oscura que quedara.

Regresamos a la pirámide, depositando cristales lemurianos donde éramos llamados a hacerlo, junto con un par de calaveras que colocamos en un hueco de la ruina cubierta de maleza cerca del cenote sur. Al ver una cueva cerca del cenote sur entramos con cuidado —desconfiando de las serpientes— y decidimos hacer un círculo medicinal en el suelo arenoso. Limpiamos el piso nosotros mismos con salvia y orientamos los cristales selenita y lemuriano en las cuatro direcciones, luego los enterramos para honrar este lugar sagrado.

Metí la mano en mi mochila para tomar un tercer par de calaveras de cristal envuelto en la hoja. Nuevamente establecimos intenciones, y con un lanzamiento más difícil aterrizaron en la piscina de agua del cenote sur, después de rebotar en un árbol en esta área densamente boscosa. Al regresar al complejo principal y la pirámide todos sentimos una sensación de felicidad y conexión con el área, con la esperanza de que nuestro trabajo marcara la diferencia para restaurar aún más la energía luminosa vibratoria entre los antiguos mayas y Gaia. Dormimos bien esa noche y nos despertamos temprano para hacer el largo viaje hacia el oeste hasta Uxmal y la Pirámide del Adivino.

Al encontrarse con nosotros en la entrada, Miguel nos informó cómo —en comparación con otros sitios mayas— las energías difieren aquí. Chichén Itzá solía ser un lugar de ciencia, tecnología e incluso el entrenamiento de guerreros, pero aquí en Uxmal el enfoque era el arte, la educación y a parte divina femenina.

—Fíjense en la curvatura redondeada de esta pirámide, en contraste con Chichén Itzá —nos dijo

Pirámide del mago en Uxmal (foto del autor)

—Verán cómo este sitio se alinea más con las energías femeninas mientras lo recorremos hoy. Les mostraré una estructura que se cree que fue una biblioteca. Y allá arriba, en la colina, algunos de los trabajos artísticos tallados en piedra más hermosos.

Nos sentamos debajo de un árbol sagrado maya Ceiba no lejos de la pirámide y platicamos con él en la sombra.

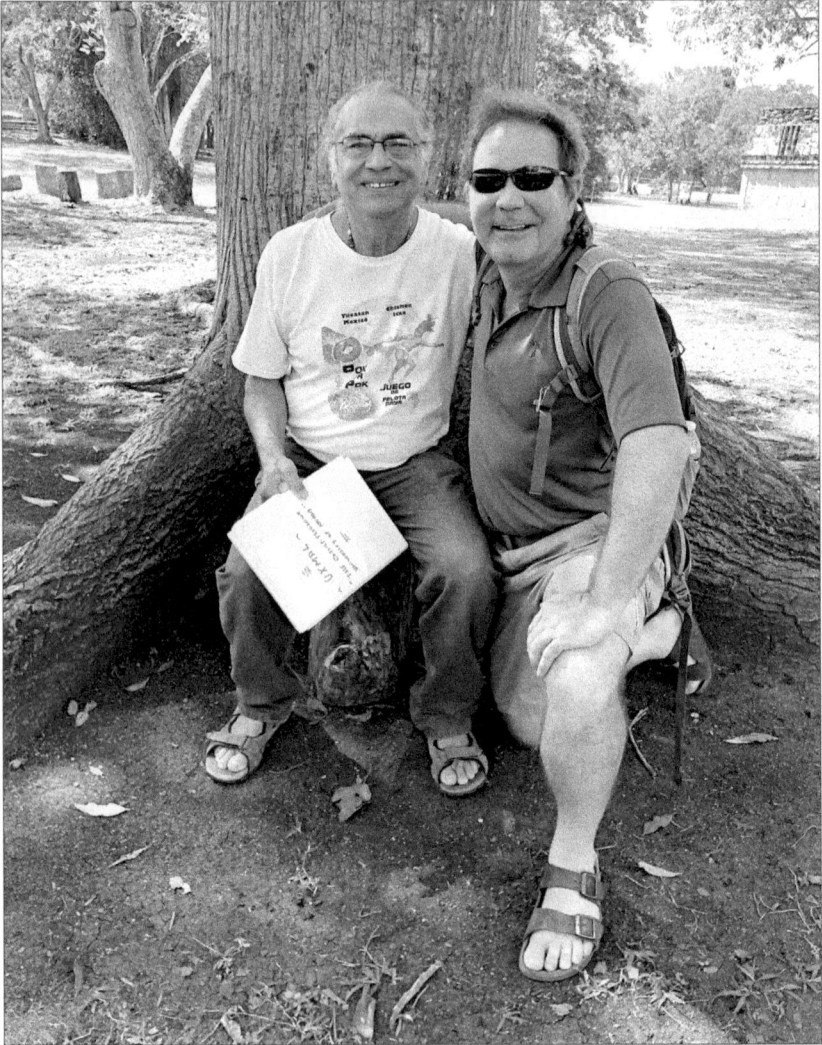

El autor con Miguel bajo una ceiba de Uxmal (foto de Terry Smith)

Mientras sentía el campo de energías y misterios de la Pirámide del Adivino, le pregunté a Miguel:

—*Esto puede escucharse extraño, sin embargo; estoy sintiendo una gran cúmulo de energía en lo profundo de esta pirámide y un portal cerca del altar en la parte superior. ¿Hay algo cierto de esta informa-*

ción que estoy obteniendo? Miguel hizo una pausa y me miró con una gran sonrisa.

—Sí, Fred, yo también he sentido el gran cúmulo de energía dentro de esta pirámide, y es curioso que menciones un portal. Hace varios años una pareja francesa asistió al espectáculo nocturno con luces láser en el complejo del convento detrás de esta pirámide. Cuando terminó caminaron hasta la base de la pirámide y el esposo decidió subir a la plataforma ceremonial prohibida (altar) en la parte superior. Esperándolo pacientemente la mujer pensó que él volvería rápidamente y bajaría. Pasaron treinta minutos y no volvió a aparecer. Preocupada alertó a los guardias y se disculpó porque él subió sin permiso. Revisaron la plataforma y toda el área de la pirámide, después los terrenos, durante toda una semana. No se le pudo encontrar por ningún lado. Incluso se inspeccionaron los pozos pequeños para ver si se había caído. Nada. Un grupo de chamanes y yo fuimos llamados al área para obtener información. A través de una meditación coincidimos en que viajó a través del portal en la plataforma y con suerte regresaría sano y salvo en varios años. Entonces, en respuesta a tu pregunta, sí hay un portal, y si lo haces bien, es decir adiós a esta realidad.

Vaya, pensé. *Espero que pronto pueda regresar a nuestra realidad para estar con su esposa y su familia.*

—¡No creas que haré una operación encubierta para escalar yo mismo! —le dije a Miguel.

Exploramos el resto del sitio, apreciando los sorprendentes relieves de piedra tallada en la Casa de las Tortugas y el Palacio del Gobernador.

Casa de los gobernadores, Uxmal (foto del autor)

Después de nuestro increíble recorrido y las ideas compartidas de Miguel, Terry y yo colocamos algunos cristales lemurianos en grietas entre las pirámides y un par de calaveras de cristal en un pequeño hueco protegido. Bendijimos este poderoso sitio y luego nuestro grupo probó miel de abeja de un colmenero que nos topamos en el camino. La miel tenía el sabor afrutado más rico que he probado, y el colmenero se ofreció a llenar nuestras botellas de agua de plástico vacías con ella. La colmena estaba en un tronco hueco elevado horizontalmente, que tenía un tapón en la parte inferior el cual él simplemente sacó para permitir que el oro líquido fluyera hacia mi botella. Los agujeros en la parte superior del tronco permitían el acceso de las abejas y los extremos estaban tapados. Vaya, una forma tan simple y no invasiva de obtener miel, mucho mejor que la de Estados Unidos. Más tarde visitamos una tienda que fabricaba réplicas de cerámica perfectas de quemadores de incienso, ollas y otras obras de arte. Compré un hermoso incensario de copal para usar en ceremonias de meditación en el futuro.

Réplica del quemador de incienso maya tradicional (foto del autor)

Agradecimos a Miguel por sus profundos conocimientos espirituales y su recorrido sagrado por Uxmal, enseguida nos dirigimos hacia el sur hacia Tulum, deteniéndonos en las ruinas de Cobá en el camino. Alquilamos bicicletas y pedaleamos alrededor de este hermoso sitio expansivo, deteniéndonos en la alta pirámide de Nohoch Mul para hacer la empinada subida de los 120 escalones. Respiré luz en un gran cristal lemuriano y lo sostuve contra mi corazón, lo dejé en una grieta dentro de la plataforma cubierta. Descendimos de nuevo y pedaleamos en bicicleta a una pirámide más pequeña mínimamente excavada. Siguiendo el sendero estrecho hasta la cima pude ver por encima del dosel de los árboles. Percibí esta pirámide mágica y decidí dejar el último par de calaveras de cristal bajo las raíces de un árbol que crecía en su cima. Después de colocar las últimas calaveras sentí alivio y un aumento en el campo de energía a mi alrededor. Descendí lentamente y sentí la energía de esta pirámide, luego regresé a la entrada. Al estar deshidratados nos metimos a una tienda para beber otro litro de agua y nos dirigimos a Tulum.

Al día siguiente hicimos una gira por Tulum. Las ruinas aquí son más modestas, pero el telón de fondo del océano turquesa, las palmeras y las playas de arena lo convierten en un lugar idílico para visitar.

Tulum, El Castillo (foto del autor)

Tulum, Templo del Dios del Viento / Templo del Dios del Viento
(foto del autor)

Éste se ha convertido en un lugar muy popular para hospedarse, con numerosos alojamientos nuevos justo al final de la playa al oeste del sitio arqueológico. El hospedaje en esta área es más boutique y rústico —con búngalos en la playa— y se adapta más a aquéllos que buscan retiros de yoga en la playa que a tomar Margaritas en los edificios más modernos de Playa del Carmen y Cancún al este. Recordé cómo hace veinticinco años simplemente me estacioné en la orilla de la carretera en un VW convertible y caminé menos de cincuenta yardas al templo principal. Los guardabosques estaban allí para proteger el sitio pero no había puerta, y se andaba sin obstáculos para verlo. Las cosas han cambiado mucho ahora con enormes estacionamientos a media milla de distancia, tarifas de entrada y toda el área tapiada. Sin dejar que eso me molestara reconocí los desafíos de los altos volúmenes de visitantes, mientras esperábamos en una larga fila para comprar boletos. Sin embargo, esto me hizo apreciar los sitios más remotos y con poca gente de Uxmal, Palenque y otros.

Después de hacer nuestras ubicaciones finales en Tulum y pasar un tiempo en la playa, me despedí de los demás y me fui al aeropuerto de Cancún para volar a casa. ¡Qué viaje tan significativo y profundo a Yucatán había sido! Miguel había compartido una frase maya de sabiduría que se me quedó grabada: *in Lak'ech, Ala K'in*, que significa "Yo soy tú, tú eres yo, somos uno." Los mayas de verdad sentían esto; después de nuestro trabajo en México experimenté este campo de unidad. Sólo puedo esperar que nuestro trabajo allá y en el mundo en general ayude a otros a aceptarlo también.

Capítulo 7:

La visión de Rapa Nui

Había pasado un año desde mis viajes a Perú y seguí haciendo colocaciones de cristales y esferas medicinales en lugares poderosos en Sedona y Mount Shasta. Éstos ayudaron a vincular aún más las energías de América del Norte (Isla Tortuga) con América del Sur (Isla Corazón). Visitar y realizar ubicaciones en Angkor Wat, Hawái, Fiji, Galápagos, el monte Kilimanjaro y muchos otros lugares expandió y amplificó el campo de la creciente Rejilla Lemuriana. Estoy agradecido con los amigos que estuvieron dispuestos a tomar y colocar algunos de mis cristales lemurianos en Jerusalén, Teotihuacán y otras áreas sagradas alrededor del mundo. Estaba en un punto en el que, nuevamente, sentí que mi trabajo estaba completo.

Me sentí llamado para asistir a una ceremonia de medicina natural con mis amigos en Boulder, Colorado, y me presenté sin más expectativas que estar en fluidez con el grupo. La ceremonia comenzó con un poco de yoga suave, seguida por una interpretación de los Cuencos Curativos de Cuarzo. Nuestro grupo de quince o más personas estableció intenciones, luego tomó un chocolate que contiene psilocibina (psicodélico) para ayudar a viajar espiritualmente y meditar profundamente. Me relajé en mi tapete de yoga y medité con la música de los mantras que sonaba en la habitación; comencé a sentir que me desplazaba lenta y ligeramente hacia el multiverso. El multiverso es ese espacio donde siento y veo dimensiones superiores a nuestra conciencia tridimensional, que en un estado más profundo puede extenderse hacia el cosmos. Sentí la necesidad de mover energía en mi cuerpo así que caminé un poco, hice algunas posturas de yoga y entré a una habitación donde mi amiga María estaba meditando. Le pregunté si podía sentarme con ella y después de que aceptó, me senté en el sofá frente a ella para sumergirme más profundamente.

Moai en Rano Raraku (foto del autor)

En poco tiempo me encontré en otro viaje espiritual fuera del cuerpo, nuevamente volando hacia el sur sobre América Central y del Sur. A los pocos minutos estaba flotando sobre una isla de forma de delta frente a América del Sur, luego me vi volando hacia un gran cráter volcánico y simplemente colocando un gran cristal en su base. Preguntándome en qué parte del mundo había aterrizado, de repente escuché la palabra *Rapa Nui*. Medité en la isla durante una buena hora y luego abrí los ojos para ver a María sentada allí.

—Le pregunté—: *¿Alguna vez has oído hablar de Rapa Nui?*

—No —dijo ella.

—*Yo tampoco. Esto suena raro, sin embargo; mi espíritu viajó a una isla y coloqué un gran cristal allí.*

—Busquemos el nombre —ella sugirió.

Al encontrar mi teléfono en la otra habitación busqué en *Google* y descubrí que Rapa Nui es el nombre nativo de la Isla de Pascua. *Dios mío, siempre he querido ir allí para ver los moáis* [figuras humanas talladas] *y conocer la isla. Me pregunto si tiene volcanes y forma de delta, como visualicé en el viaje.* Fui a *Maps* de *Google*, luego a una vista de satélite, y me quedé absolutamente atónito. No sólo tenía forma de delta, sino que podía ver el cráter volcánico exacto en el que había colocado el cristal. María me sonrió y yo me quedé allí sentado con la cabeza dando vueltas. Bueno, supongo que ahí es donde voy a ir a continuación. Al contar la historia a mi familia la semana siguiente tuve otras miradas de incredulidad y resistencia a la idea de que hiciera otro viaje alocado y bastante lejos. Independientemente de eso seguí comprometido y comencé a trabajar en la logística. El tiempo me ayudaría a resolver esto y manifestar esta ubicación.

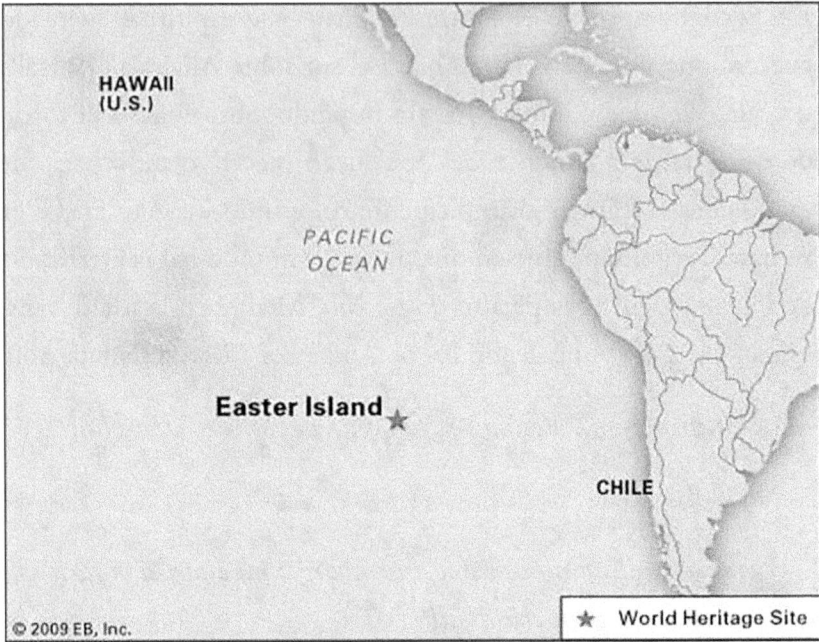

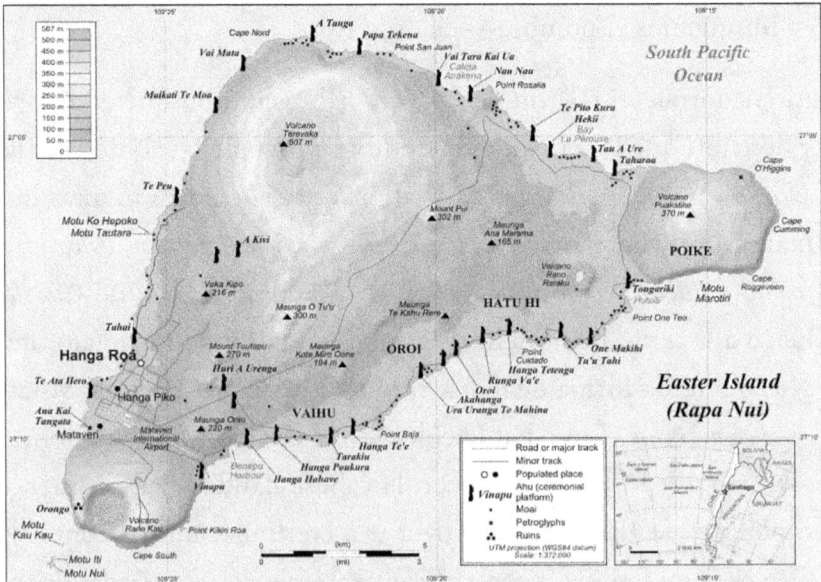

Ubicación de Rapa Nui en el Pacífico, https://www.britannica.com/place/
Easter-Island; y mapa de la isla que muestra una forma triangular, https://
commons.wikimedia.org/wiki/File:Easter_Island_map-en.svg

Medité en Rapa Nui y sentí su intensa y ancestral conexión con Lemuria —el mítico continente perdido que se había hundido profundamente en el Pacífico— según muchos que lo canalizaron. Se cree que Lemuria es anterior a la Atlántida y mantuvo un campo de energía resonante y sin oscuridad —ver, por ejemplo las descripciones del muy admirado "profeta durmiente" a veces llamado "el padre de la medicina holística" Édgar Cayce—. Según él y otros quedan restos de Lemuria incluidas las islas Hawaianas, Rapa Nui, e incluso Point Reyes, California.[20] Se cree que la Atlántida fue destruida por fuerzas externas como resultado del uso inadecuado de la tecnología que la llevó por un camino de oscuridad. Si bien es difícil probar o refutar estas teorías, sentí que existía una cantidad razonable de narración cultural y canalización de información para tener la mente abierta y seguir investigando. Por ejemplo, los arqueólogos habían subestimado en gran medida el tamaño de los territorios mayas. La nueva tecnología de escaneo LIDAR detectó sitios no descubiertos y se está reescribiendo la historia hoy en día, duplicándose el tamaño estimado de su civilización.

Decidí conectarme con la curandera espiritual e intuitiva Hawaiana Kahuna Kalei, a quien Lee Carroll —el famoso canalizador de *Kryon*— identificó como *"una lemuriana pura, y una que ha despertado la semilla central."*[21] Había realizado yo una breve ceremonia y una canalización con ella en los últimos dos años en Waipi'o Valley (Isla Grande de Hawái). Sabía que Kahuna era de linaje lemuriano y ella también lo había canalizado en mí. Aquel día en Hawái bendijimos juntos un cristal lemuriano y lo colocamos sobre un risco que dominaba el valle. Si alguien pudiera ayudarme a encontrar un chamán en Rapa Nui (Isla de Pascua) sería ella.

Kahuna Kalei (foto proporcionada por ella)

Además no quería aparecer y simplemente dejar un cristal. Al percibir las energías de este lugar sagrado creí que el honor necesitaba incluir a la guía de los nativos de la compleja pero aislada isla de Lemuria. Ella pudo proporcionarme los datos de un agente de viajes que había trabajado con el chamán de la Rapa Nui y fue capaz de enviarle un mensaje que ella tradujo del inglés al español. En el transcurso de casi un año finalmente hice contacto con él y me anotó en su agenda.

Decidí usar la misma poderosa forma geométrica sagrada de *Unity Grid* (Rejilla de Unidad Metaformas con un cristal) para esta ubicación también. Pude sentir la necesidad de unir el Lago Titicaca a Rapa Nui y al sudeste Asiático en Angkor, así que investigué si tal línea podría preexistir y estaba emocionado de descubrir que una línea ley tal vez fue redescubierta por Graham Hancock —autor de múltiples libros populares— "que se describe a sí mismo como un pensador poco convencional que plantea cuestiones controvertidas sobre el pasado de la humanidad."[22] La línea ley en cuestión, dijo, atraviesa la Gran Pirámide, Machu Picchu, la Isla de Pascua y se extiende hasta Angkor Wat.[23]

Increíble, pensé. Estuve trabajando en una línea ley existente sin saberlo. Hacer una ubicación en la Isla de Pascua se conectaría con las ubicaciones que hice en Machu Picchu y Angkor Wat, dejándome sólo la Gran Pirámide para volver a visitar en algún momento en el futuro cercano. Estuve en Egipto en 1996 pero entonces no estaba haciendo mi trabajo con cristales.

Al recorrer el Museo Antropológico P. Sebastián Englert un poco afuera de Hanga Roa encontré un mapa histórico que muestra las alineaciones entre Rapa Nui, Nueva Zelanda y las islas de Hawái. Muchas de las culturas polinesias se originaron dentro de este triángulo pacífico/polinesio; y a menudo crearon sus propias subculturas e idiomas polinesios al migrar a lugares remotos como Rapa Nui en canoas de vela. Aunque todavía no he encontrado una buena discusión sobre las líneas ley energéticas creadas por este triángulo, siento que existe una. Allí de pie analizando las miles o más de islas dentro del triángulo recordé que había colocado un gran cristal lemuriano en el lago sagrado Rotokakahi, Rotorua, Nueva Zelanda, once meses antes, y había colocado numerosos cristales en la Isla Grande de Hawái durante la última década. *Genial,* pensé. *Ahora he colocado cristales en los tres puntos*

del Triángulo Polinesio. Quizás eso cree un campo adicional de reso-
nancia curativa dentro de este triángulo.

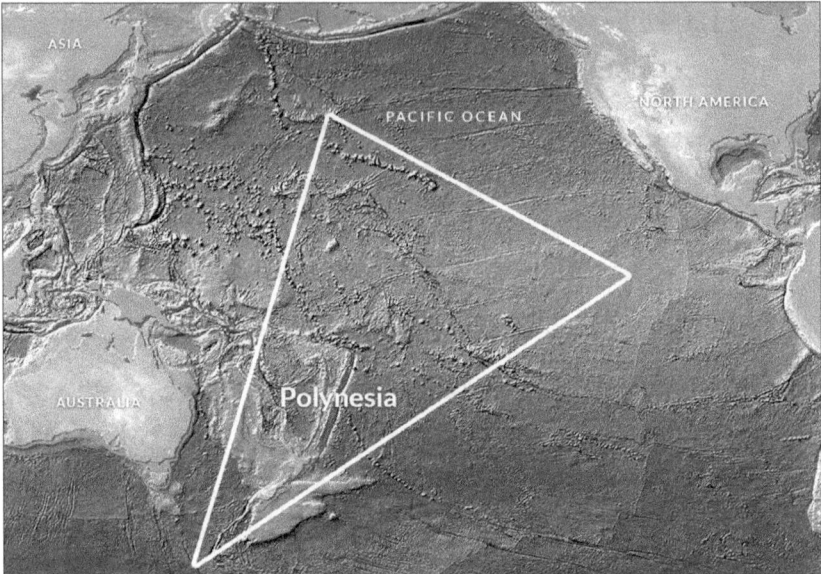

Triángulo polinesio, Nueva Zelanda, Hawái y Rapa Nui, fuente: https://dive-discover.whoi.edu/history-of-oceanography/polynesian-seafarers/

A medida que el plan se organizaba contacté a mis amigos —incluyendo a Terry— para que me acompañara. Encontrar el vuelo de Santiago a Isla de Pascua fue un gran desafío, debido a su creciente popularidad de más de cien mil visitantes al año. Creo que podemos agradecer a las redes sociales por eso.

Un poco de historia sobre Rapa Nui: originalmente colonizada por polinesios entre 300 y 700 d. C., fue descubierta por los holandeses en 1722 el domingo de Pascua, de ahí viene el nombre. Luego fue visitada por los británicos —incluido el Capitán Cook— españoles, franceses, rusos, peruanos y otros a fines del 1700 al 1800 y finalmente fue anexada a Chile en 1837. Fue alquilada a los criadores de ovejas británicos, dañando la tierra ya estresada así como los sitios arqueológicos, ya que las ovejas y los caballos caminaban sobre o alrededor de ellos.

Nuestro grupo llegó a Rapa Nui en enero de 2019, volamos en un cómodo avión 787 *Dreamliner*, y aterrizamos en una pista corta llena de baches pero pavimentada, junto a la pequeña capital de Hanga Roa. Continuamos hacia la terminal con techo de paja, tomamos nuestras maletas y abordamos una camioneta que nos condujo hasta un albergue ecológico remoto, con una amplia vista del Pacífico y los campos de piña debajo de nosotros. La isla tiene sólo 6,000 lugareños, por lo que están un poco abrumados por el gran volumen de turistas. La población es aproximadamente 60 por ciento indígena Rapa Nui y 40 por ciento inmigrantes chilenos. Al principio pudimos sentir la tensión de los lugareños de Rapa Nui contra los chilenos, mientras pasábamos junto a grandes carteles protestando contra un hotel de cinco estrellas que había sido construido en su tierra sagrada. Esto parecía una reminiscencia de lo que les sucedió a los Nativos Americanos en nuestro continente y en las islas de Hawái.

Navegando en una camioneta *Mitsubishi* vieja y oxidada —con Pau, el chamán y sus parientes traduciendo y ayudando como guías de Rapa Nui— brincamos por los caminos llenos de baches, recorriendo los sitios clave moái, incluido el famoso Ahu Tongariki, con más de quince cabezas moái.

Ahu Tongariki (foto del autor)

Tina —la prima de Pau que nos acompañó como guía y traductora— señaló a un jefe ancestral suyo representado en este *ahu* (plataforma de piedra), lo que hace que este sitio sea mucho más significativo. Varias tribus estaban simbolizadas por el rostro de su jefe ancestral; estas tribus aparentemente habían competido para tener el *ahu* más impresionante. En todos los *ahus* excepto uno, las cabezas de moái miran hacia la gente y la tribu —ofreciendo protección— en lugar de mirar hacia el mar. Sin embargo, hay un moái —rostro de un antepasado divinizado— que mira a las estrellas.

Moai mirando a las estrellas en Rano Raraku (foto del autor)

Dejando algunos cristales en los alrededores —pero no en el *ahu*— viajamos a la cantera cercana en el cráter volcánico Rano Raraku; se nos mostró cómo los moái fueron cortados de la piedra volcánica, luego los 'caminaban' usando cuerdas —a veces durante millas— hasta su destino final en el *ahu* (plataforma). En este sitio hay un moái que tiene barcos grabados, probablemente representando a los barcos españoles o británicos que los visitaron.

Desafortunadamente puedes ver algunos moái caídos y dejados bocabajo en la región de la cantera. Si caían perdían su poder y no eran llevados al *ahu*. También lamentablemente la mayoría de los moái en las plataformas fueron derrocados por tribus durante la guerra civil y un período de hambruna. Los esfuerzos colectivos de los japoneses, la UNESCO y otros grupos arqueológicos han ayudado a muchos a recobrar su posición original, pero no a todos.

Moai derribado (foto del autor)

Después de un largo día fuimos a la ciudad en busca de un pescado local sabrosísimo. Caminando por Hanga Roa vi un puesto de helado y no me pude resistir. Me sentía bastante acalorado, así que lo comí tan rápido que casi me lo tomé. Mala idea, ya que de repente sentí que mi corazón latía irregularmente. Oh, no, pensé. ¡Me acabo de poner en fibrilación auricular! Esto me había sucedido antes, cuando bebía líquidos helados así que tendría qué hacer más caso. Dios mío, no creo que pueda salir de esta situación en una isla remota, a 2,300 millas de un centro médico mayor. Sólo tomaré un poco de aspirina y espero aliviarme. A lo largo de la noche las palpitaciones de mi corazón continuaron despertándome de vez en cuando. Seguía preocupado por no volver a un ritmo cardíaco normal. No compartí esto con nuestros guías ya que no quería que se preocuparan por mí.

A la mañana siguiente nos reunimos con el chamán y nuestros guías para recorrer el sitio sagrado de Orongo —un poblado en el borde de la caldera volcánica Rano Kau— donde tuve la visión de colocar un cristal en el cráter. Aquí es también donde tuvo lugar la infame competencia local del Hombre-Pájaro de Rapa Nui.

Motu Nui (Isla Birdman) del mirador de la aldea de Orongo con Pau, chamán Rapa Nui y autor (foto de Terry Smith)

Cada tribu tendría un competidor que después descendería por el traicionero acantilado, y nadaría a través de aguas agitadas e infestadas de tiburones hasta una pequeña isla habitada por charranes. Cada uno recuperaría un huevo, lo sujetaría a su cabeza con una liga,

luego nadaría de regreso, escalaría el monte y cruzaría la línea de meta de vuelta a Orongo. Durante un año el ganador sería básicamente un semidiós honrado por todos, y otorgaría un gran honor también a su tribu. El exitoso maestro recibió el título de *Tangata manu* (hombre pájaro) y al presentar el huevo fue escoltado a Mataveri, donde se celebró una gran fiesta en su honor; viviría recluido durante un año en una casa en Rano Raraku —la ubicación de la cantera—.

Vimos la zona donde los británicos habían tomado el pequeño moái —con la contención de los lugareños— sigue residiendo en el Museo Británico. Están negociando su regreso, ya que proporciona *mana* (energía espiritual) para Orongo y toda la isla. Continuamos el recorrido aún con mi corazón latiendo irregularmente, Pau se ofreció a llevarnos a una roca curativa en el borde opuesto del volcán, dijo que durante cientos de años su gente la usó para ayudar a curar varias dolencias. Miré a través del hermoso lago del cráter debajo y estaba emocionado de hacer un viaje a esta área, a la que sólo se puede acceder con permiso local.

Condujimos la camioneta hacia el otro lado y subimos por un camino sinuoso de tierra hasta un pequeño sendero. Caminamos durante unos buenos treinta minutos y nos detuvimos para rendir homenaje a un pequeño moái tallado. Sintiéndome más sofocado que lo normal —dado que mi ritmo cardíaco era tan irregular— seguí subiendo, emocionado de llegar al borde del cráter y palpar la energía de la gran roca magnética parecida al granito. Pau comenzó a cantar una oración Rapa Nui, tal vez del rongo jeroglífico que su primo mencionó que había memorizado. Golpeó acompasadamente la mandíbula de un caballo con los dientes crujiendo en las cuencas y creó un ritmo fascinante. Yo por supuesto no tenía idea de cuál era la traducción, su primo dijo que eran oraciones curativas. Escuché y me relajé en la roca mientras continuaba recitando ¡de repente noté que mi corazón latía normalmente de nuevo! Pensando para mis adentros: increíble, no vine aquí con ninguna expectativa, pero diez minutos después de sentarme en esta roca sagrada, ha vuelto mi ritmo cardíaco normal. Sonreí mientras estaba reposando y les dije: muchas gracias, me siento tan bien de estar aquí en esta roca curativa.

Había traído la Rejilla de la Unidad con cristales hasta esta ubicación en el borde, temiendo no poder colocarla profundamente en el cráter debajo. Quizá podría dejarla aquí, incluso pensé en lanzarla desde el borde del cráter, pero no me gustó la idea de que se golpeara en el descenso. Había visto señales y detalles en el mapa de que sólo los Rapa Nui locales pueden bajar al lago del cráter sagrado. Mi mayor deseo, sin embargo, era cumplir mi visión y colocarla en algún lugar de la base del cráter, o incluso en el lago. Anticipando una respuesta negativa, dije:

—Pau, tuve la visión de que debería colocar esta esfera cristales en el cráter debajo para honrar a la isla, a tu gente, ayudar a mejorar su *mana* y ayudar a curar el mundo. ¿Estarías dispuesta a colocarlo allí, o bien otro lugareño? Me miró a los ojos y sin dudarlo dijo:

—Fred, tú bajarás y colocarás esta esfera. Tienes mi permiso y yo obtendré permiso para que tú y mis familiares desciendan mañana por la mañana. No estoy en forma física para hacerlo contigo, pero nuevamente quiero que cumplas esta visión —Tina tradujo—.

Al escucharla decir estas palabras casi me caigo por el precipicio. *Dios mío, mi arritmia se ha resuelto, y ahora se están despejando las vías para que bajemos y hagamos una ubicación en este cráter sagrado.* ¡No podía creer lo que estaba escuchando!

Lago del cráter Rano Kau (foto del autor)

Al regresar al albergue ecológico esa noche sentí un flujo mágico de energía. Una vez que finalmente me calmé me deslicé en el espacio de las quimeras y luego desperté, preparado para esta aventura espiritual. Llegamos temprano en la mañana al inicio del sendero y comenzamos el descenso de 700 pies. Había llovido la noche anterior por lo que el barro volcánico estaba resbaloso. Mientras miraba hacia el lago del cráter me parecía surrealista que esta visión estuviera a punto de manifestarse.

Resbalándome un par de veces me reí mientras rebotaba por algunas secciones del sendero empinado. Cuando nos acercamos a la base del cráter estábamos rodeados de una exuberante vegetación que prospera a medida que absorbe el agua del lago de agua dulce. Mirando alrededor en el bosque encontramos un tronco para sentarnos y un lugar agradable para relajarnos y mantener nuestro círculo de grupo. Cada uno de nosotros pasó la esfera depositando en ella nuestras intenciones, sosteniéndola cerca de nuestro corazón y nuestro chakra coronario. Como grupo decidimos que sería más poderoso colocarla en el lago para que se conectara con todo el campo de energía del cráter. Tina compartió la leyenda local de Rapa Nui de que hay un gran cristal azul en las profundidades del lago del cráter. Estaba emocionada de que pronto se le uniría otro.

Aproximadamente un tercio del lago está cubierto con una gruesa capa de juncos flotantes, lo que permite caminar sobre esta esponjosa alfombra cerca del centro. ¡Lo más intrigante es que esta especie de junco también se encuentra en las islas flotantes de los Uros en el Lago Titicaca! Cabe preguntarse si los preíncas y los incas viajaron a Rapa Nui hace mucho tiempo e introdujeron esta especie de juncal.

Tina me preguntó si quería ser yo quien nadara y colocara la esfera. Lo contemplé por un tiempo, pero luego el espíritu me guio diciéndome que Pau —por su linaje real Rapa Nui— era la candidata perfecta para liberar esto en el lago del cráter sagrado. Habiendo venido preparada, se adentró en el bosque y regresó con su traje de baño para aceptar el desafío. Si bien pensé que podría saltar desnuda, reconocí que con su hijo y parientes allí era más apropiado vestirse. Tenía mucho miedo de entrar en las aguas y compartió historias de monstruos marinos e incluso naves espaciales extraterrestres que emergen de las profundidades. Ella había señalado uno de estos monstruos marinos en un antiguo petroglifo a sólo treinta metros de nosotros; incluso nos mostró formas triangulares en los tapetes de los juncos que según dijo, estaban relacionadas con las naves espaciales, pensando en ellas de forma muy parecida a los Círculos de las Cosechas.

Caminamos lentamente unas buenos cincuenta yardas sobre la estera de juncos flotante, hasta que llegamos a una gran abertura de agua no muy lejos del centro del lago. Al igual que en el Lago Titicaca se puede mirar por el borde de la estera de juncos y ver las profundidades debajo.

Sosteniendo la esfera cerca de mi corazón y enviándole amor puro para que se extendiera al lago y al volcán se la entregué a Tina, que estaba sentada esperando en el borde de juncos.

Nadando con gracia unos buenos treinta pies dejó caer la esfera, permitiendo que se hundiera suavemente hasta el suelo del cráter. Luego se dirigió hacia nosotros, le sonreímos y la felicitamos por regresar a salvo. Todos pudimos sentir un flujo de energía siguiendo la ubicación mientras caminábamos de regreso hacia el sendero.

Mientras salíamos del cráter miré sus profundas aguas azules. Sentí una inmensa gratitud hacia el universo por crear una vez más el flujo para manifestar esta visión chamánica. Agradecí a Tina y sus familiares y bajamos a Hanga Roa a celebrar durante el almuerzo, disfrutamos de un ceviche —coctel de mariscos— y otras comidas locales. Mientras contemplaba la vistas de las olas salpicando y echando espuma contra las rocas de lava negra debajo de nuestro patio al aire libre, el momento volvió a parecer surrealista.

Autor sosteniendo la Rejilla de Unidad con cristales adjuntos (foto de Terry Smith)

A la mañana siguiente decidimos que sería perfecto para el grupo subir al punto más alto de la isla después de estar en la parte más baja, el cráter de Rano Kau. El volcán más alto es Terevaka, a 1,663 pies; el comienzo del sendero es en Ahu Akivi y es la única plataforma donde los moái miran hacia el océano. Es un lugar hermoso para comenzar una caminata, viendo las siete cabezas de moái que miran hacia el Océano Pacífico azul oscuro.

Ahu Akivi (foto del autor)

Siguiendo un sendero de doble tracción finalmente hicimos la transición a un sendero de una sola pista y pudimos ver la ciudad de Hanga Roa a continuación. Las pendientes más bajas tienen pequeñas granjas donde cultivan parcelas de vegetales, y mientras ascendíamos nos encontramos en una pequeña cresta volcánica cubierta de hierba. Se parece un poco a las colinas vestidas de hierba de Escocia. En un par de horas llegamos a la cima de Terevaka y disfrutamos de las vistas panorámicas de toda la isla. Llegaron pequeños grupos turísticos de varias nacionalidades, tomaron rápidamente una foto en la cima y luego se dirigieron hacia abajo.

Para escapar de los turistas ruidosos continuamos caminando un poco y encontramos una pequeña área plana justo debajo de la cima para tomar un almuerzo ligero. Sintiendo las energías de esta montaña volcánica escogimos un lugar para hacer una pequeña esfera medicinal. Podríamos sentir una vibración más alta en esta área que algunos podrían llamar vórtice. Usando salvia y Palo Santo limpiamos el suelo, luego excavamos ranuras estrechas en la arena volcánica para plantar nuestra esfera medicinal. Usando mi brújula orientamos los cristales de selenita y lemuriano, luego cantamos las instrucciones peruanas de Pachamama, Mama Killa, Viracocha, Inti y K'uychi para activar la esfera —como lo hago usualmente— después usé mi pequeño sonajero para conectar los mundos superior, medio e inferior a la esfera.

Rueda medicinal en la cumbre del monte Terevaka (foto del autor)

Observando a través de la isla hacia el cráter Rano Kau enviamos nuestras intenciones de alinear esta esfera con la Rejilla de Unidad llena de cristales en el lago del cráter, y luego irradiar a todos los cristales lemurianos en la rejilla alrededor del mundo. La energía de este pico comenzó a sentirse como un faro de luz que brilla y se conecta con los otros puntos en Perú, Nueva Zelanda, Hawái, Angkor Wat y demás.

Después de enterrar la esfera medicinal de cristal nos echamos al hombro nuestras mochilas y comenzamos el descenso de dos horas. Mi cuerpo energético se sentía ligero e interdimensional mientras descendía. Fue nuestra última ubicación importante antes de la partida al día siguiente, por lo que regresamos a nuestro albergue para realizar una ceremonia de medicina vegetal y así aprovechar el impacto de los cristales que colocamos. Cuando la medicina natural psicodélica comenzó a hacer efecto me acosté con los ojos cerrados en la habitación oscura, y comencé a ver colores iridiscentes y geometría compleja de 5D. Escuché música de mantras y una brisa fresca del océano entró por las ventanas abiertas. Pronto vi rayos de luz iridiscente que emergían de las profundidades del cráter Rano Kau y más rayos que se irradiaban desde la cima de Terevaka. Observé la luz radiante durante al menos una hora y luego la vi conectarse a un pico lejano en algún lugar del Himalaya. Esto está raro, ¿por qué estaría viendo esto en lugar de algo más cercano, en el Pacífico? Mientras continuaba siguiendo este flujo de luz, me vino el nombre del pico: Monte Kailash, el pico sagrado tibetano y lugar de peregrinaje para hindúes, budistas, jainistas y bonpas ('bons'). Los budistas lo conocen como Monte Meru.

Curiosamente el templo de Angkor Wat de Camboya representa el monte Kailash, con la torre de loto central y las cuatro torres de loto en las esquinas que representan los picos hermanos. Los peregrinos suelen caminar en el sentido de las agujas del reloj alrededor de este pico a 21,000 pies de altitud para recibir buena fortuna. Más tarde supe que "Monte Kailash" se deriva de la palabra sánscrita *kailas*, que significa 'cristal' —ver definición en la cita—. "*Kailash, kailas* también se refiere a la habilidad del yogui para desarrollar la claridad cristalina de su verdadera naturaleza."[24] Vaya, qué perfecto; ¡Tenía mucho sentido que los cristales de Rapa Nui se conectaran a un pico cristalino a 12,000 millas de distancia, en el Himalaya del Tíbet!

Monte Kailash (foto de Terry Smith)

Angkor Wat (foto del autor)

De repente estaba visualizando lo que parecía ser un portal en el cielo sobre Kailash, girando y conectado al cosmos, pero también enviando hebras de energía hacia Rapa Nui. ¡Vaya, nunca hubiera esperado que algo así sucediera! Pronto, a medida que fluía más energía a través del Pacífico, visualicé un portal más pequeño que se abría sobre Rapa Nui. Mi sensación en este viaje profundo fue que el Monte Kailash estaba enviando información o energía para ayudar a reactivar un portal antiguo sobre esta isla. Cuando el portal volvió a estar en línea entró más energía luminosa del cosmos, lo que le permitió compartirla desde la isla con las regiones en desequilibrio en todo el mundo. No sólo vi la luz fluyendo de la montaña, sino que se me mostró cómo la nieve derretida fluía esta agua sagrada hacia el sagrado Río Ganges, desembocando en la Bahía de Bengala, seguida de parte de esta agua que circula a través de las corrientes oceánicas.

Más tarde la mañana siguiente, compartí estas visiones inespera-
das con el grupo. Terry había observado naves espaciales sobrevo-
lando la isla en sus visiones y me recordó que hace sólo seis meses
en la base de Kailash en el lago sagrado Manasarovar, colocó un
cristal que yo le había dado (Ver foto). Quizá su ubicación del
único cristal que se conecta a esta montaña en forma de pirámide
de granito cristalino fue todo lo que se necesitó para volver a conectarse a través de los cristales colocados en Rapa Nui. El vuelo
de cinco horas de regreso a Santiago, seguido del vuelo de doce
horas a Denver me dio muchas oportunidades para contemplar
nuestro trabajo en Rapa Nui. Siempre estaré agradecido con mis
nuevos amigos de Rapa Nui —Pau, Tina y su familia— por mos-
trarme las energías mágicas de su isla; y tengo la esperanza de que
nuestro trabajo allí amplifique el mana de su gente y de la isla,
permitiendo que este lugar sagrado ayude a reequilibrar a Gaia,
sus habitantes y las dimensiones superiores incrustadas en ella.

Capítulo 8:

Conectando e irradiando la Rejilla alrededor de Gaia y hacia el cosmos

Rapa Nui parece un punto de inflexión, sin embargo anticipo mucho más trabajo por delante. Mi papel como médico sanador continúa, pero lo veo expandiéndose al ámbito de ayudar a otros a despertar. Ya sea compartiendo conocimientos espirituales a través de mis charlas mensuales o quizás dirigiendo retiros, el tiempo lo dirá. Mi compromiso como orador no es con fin de lucro o reconocimiento. Antes lo veo como un honor: ayudar a otros a mejorar su equilibrio mental, corporal y espiritual. Es mi dharma.

Continuar con este llamado único e inusual de colocar cristales para crear rejillas, activaciones y líneas ley se extiende fuera de mi papel tridimensional en este planeta y continuaré fluyendo con él. He realizado tantas ubicaciones que no recuerdo registrarlas todas en el mapa. Honrar los lugares sagrados locales como Sedona, Shasta y las Secuoyas, y los sitios internacionales en el Sudeste Asiático, las islas griegas e incluso la cima del monte Kilimanjaro, sigue planteando los siguientes cuestionamientos:

- ¿Cuál es el propósito de hacer este trabajo?

- ¿Marcarán una diferencia?

- ¿Existe un punto final?

A veces siento que no es la ubicación de los cristales lo que importa, sino la apertura del corazón y la compasión que se genera cuando los coloco para honrar a Gaia. Si bien algunos pueden llamarme pagano, están equivocados. Esto está completamente al margen de lo que se puede definir o etiquetar en nuestra sencilla y categórica forma de actuar humana.

Ahora sabemos por estudios científicos recientes que podemos cambiar nuestro propio ADN a través de prácticas basadas en la atención plena, especialmente cuando lo hacemos resonar con amor, gratitud, perdón y compasión. Detallé esto en mi libro *Spiritual Genomics* (Genómica Espiritual). También conocemos que podemos reducir el dolor y la inflamación mediante la colocación de agujas de acupuntura en el cuerpo humano. Además, el toque humano y el trabajo energético pueden ayudar en la curación.

¿Es posible que podamos cambiar las propiedades energéticas de Gaia, creando rejillas y líneas ley, colocando —con amorosa intención— cristales, piedras y templos, o a través de otros medios? Mi intuición me dice que sí. Mientras continuamos minando y contaminando la Tierra con nuestra población en crecimiento, debemos hacer nuestro mejor esfuerzo para corresponder lo que le hemos quitado, protegiendo sus aguas, bosques y formas de vida. Mientras buscamos un equilibrio global yin/yang, o masculino/femenino, se producirá un cambio hacia la protección de la Tierra. Actualmente estamos en un ciclo masculino (yang), tendiendo con resistencia a un reino yin/yang más equilibrado. A medida que esta olla se agite a nivel local y mundial las personas continuarán dando un paso al frente y haciendo avanzar esta tendencia. Muchos de nosotros seremos ridiculizados de manera irrespetuosa e inconsciente por aquéllos que buscan más poder y bienes materiales. Debemos mantenernos firmes y unidos para superar esta oscuridad. Al hacerlo debemos interrumpir la ofuscación, llenarla de luz y despertar a muchos más para ayudar a salvarnos a nosotros mismos y al planeta.

¿Qué podemos hacer individualmente y como sociedad?

- Defender una mayor protección ambiental de nuestras tierras y océanos.

- Reducir drásticamente la contaminación del aire y el agua —incluido el uso de pesticidas—.

- Reducir y mitigar los EMF y otras frecuencias dañinas —es decir, 5G inalámbrico—.

- Reducir el consumo/emisiones de combustible de carbono y promover soluciones de energía verde, limpia y sostenible.

- Buscar soluciones pacíficas a los conflictos interpersonales y, a mayor escala, evitar las guerras.

- Amarnos auténticamente y buscar una unión profunda, sagrada, sexual con nuestra pareja.

- Asignar recursos para prevenir el hambre y las enfermedades en el mundo.

- Elegir líderes responsables y compasivos que adopten soluciones sostenibles para todos en nuestro planeta.

- Aprender, descubrir, recordar y resucitar las técnicas de curación personal y planetaria de las civilizaciones antiguas.

- Una vez más, por último —pero no menos importante— despertar a otros al mundo fuera de nuestra tercera dimensión materialista motivándolos para que se ayuden a sanarse unos a otros y al planeta en el que vivimos. Ya sea ofreciéndose como voluntarios para proporcionar filtración de agua y prevenir enfermedades en una tierra remota, reduciendo los plásticos en nuestros océanos o colocando cristales en todo el mundo, todo marca la diferencia.

Entonces, mientras hago mis ubicaciones y animo a otros a seguir los caminos de la luz —por inusuales o aparentemente aleatorios que sean— entro en un espacio de amor atemporal. Mi existencia humana comprende sólo un nanosegundo en esta línea de tiempo planetaria, pero la huella energética que dejo para la mejora de la vida y la salud de nuestro planeta es infinita. Quizá dentro de 500 millones de años una forma de vida —humana o no— recogerá uno de los cientos de cristales colocados alrededor del mundo y dirá: "Vaya, ¿cómo, cuándo y por qué se dejó esto aquí?" Mi esperanza es que lo vea como un regalo de gratitud y amor a la Tierra y a todos sus habitantes. A todo lo que es o podría haber sido, incluso si nos borráramos de la faz de este planeta. Mi energía y amor están incrustados desde mi corazón en cada cristal, y si éstos tienen una inteligencia superior, sabrán su propósito simplemente asiéndolos. **Aho.**

Agradecimientos

Estoy profundamente agradecido por todo el apoyo que recibí de mi familia y amigos mientras escribía este libro. Gracias especialmente a mi familia. Mi increíble exesposa Theresa, mi hija Brooke, mi hijo Keaton y los perros de la familia por su paciencia durante este tiempo. Sin su ayuda y flexibilidad nunca habría encontrado el tiempo para completar esto. Gracias al personal de mi oficina —Austyn Lewis y Laura Paolicelli— por mantener las cosas organizadas y eficientes en el trabajo para que tuviera más tiempo para escribir.

Mi agradecimiento a Margaret A. Harrell por su excelente trabajo editorial y por estar dispuesta a hacer un segundo libro conmigo. Gracias a Darlene Swanson por su increíble trabajo de diseño y formato.

Gracias también a mis amigos espirituales, que me han ayudado a mantener mi pasión por tratar de hacer del mundo un lugar mejor para vivir y por comprender mi rareza. Éstos incluyen a Terry Smith, Kathy O'hara, Amy Munroe, Jonathan y Andi Goldman, Shelley Genovese, Jyoti Stewart, Gurpreet Gill, Greg y Gail Hoag, Yves Nager, Eunjung Choi, Kahuna Kalei, Pau, Tina Walters, Marco Aristondo, James Loan, don Óscar Miro Quesada, Jonette Crowley, Daniel Gutiérrez y Miguel Ángel Vergara. Gracias a muchos otros que me han asistido en el camino, y a los futuros sanadores de luz y energía que espero conocer y que ayudarán a acelerar la limpieza de la oscuridad en nuestro planeta.

Por último —pero no menos importante— gracias a Gaia por nutrir y apoyar la vida, y a las diosas, dioses y fuerzas invisibles del cosmos que ayudan a mantener la vida y la estructura en nuestro universo aparentemente infinito que nos rodea.

Notas Finales

1   *5D optical data storage (Almacenamiento de datos ópticos en 5D)*, Wikipedia, https://en.wikipedia.org/wiki/5D_optical_data_storage.

2   *Peru for Less: Intihuatana (Perú por menos:Intihuatana)*, https://www.machupicchu.org/ruins/intihuatana.htm.

3   *Machu Picchu: What is the Intihuatana stone? (Machu Picchu: ¿Qué es la piedra Intihuatana?)* https://www.explorandes.com/machu-picchu-intihuatana-stone/.

4   *Machu Picchu: What is the Intihuatana stone? (Machu Picchu: ¿Qué es la piedra Intihuatana?)* https://www.explorandes.com/machu-picchu-intihuatana-stone/.

5   *Under the entry (Bajo la entrada)*, K'inich Janaab Pakal.

6   Minster, Christopher *The Sarcophagus of Pakal, (El sarcófago de Pakal)* Jan. 15, 2018, https://www.thoughtco.com/the-sarcophagus-of-pakal-2136165.

7   Cartwright, Mark *Palenque* Oct. 17, 2014, https://www.ancient.eu/Palenque/.

8   Clynes, Tom https://www.nationalgeographic.com/news/2018/02/maya-laser-lidar-guatemala-pacunam/.

9   *Chaco Canyon: Observation: The Great Houses, (Observación en el Cañón de Chaco: las Grandes Casas)* https://www.exploratorium.edu/chaco/HTML/time2.htm.

10 *The Mitchell-Hedges Crystal Skull: Laboratory Tests, (La Calavera de Cristal de Mitchell-Hedges: Pruebas de Laboratorio)* https://mitchell-hedges.com/lab-tests/. And The Mitchell-Hedges Crystal Skull, https://mitchell-hedges.com/the-crystal-skull/.

11 *Chaco Research Archive, (Archivo de Investigación de Chaco)* http://www.chacoarchive.org/cra/chaco-sites/casa-rinconada/.

12 *I Connect by Metaforms*, http://iconnect2all.com/products/pleiadian-communication-portal/.

13 *Quetzalcoatl* https://en.wikipedia.org/wiki/Quetzalcoatl.

14 Taylor, John (2012), *An Examination into and an Elucidation of the Great Principle of the Mediation and Atonement of Our Lord and Savior Jesus Christ. (Examen y Aclaración del gran principio de la Meditación y la Expiación de nuestro Señor y Salvador Jesucristo.)* Forgotten Books (Libros Olvidados)

15 *The Mitchell-Hedges Crystal Skull: Laboratory Tests, (La Calavera de Cristal de Mitchell-Hedges: Pruebas de Laboratorio)* https://mitchell-hedges.com/lab-tests/. And The Mitchell-Hedges Crystal Skull, *(La Calavera de Cristal de Mitchell-Hedges)* https://mitchell-hedges.com/the-crystal-skull/.

16 *The Mitchell-Hedges Crystal Skull: Laboratory Tests, (La Calavera de Cristal de Mitchell-Hedges: Pruebas de Laboratorio)* https://mitchell-hedges.com/lab-tests/. And The Mitchell-Hedges Crystal Skull, *(La Calavera de Cristal de Mitchell-Hedges)* https://mitchell-hedges.com/the-crystal-skull/.

17 *Mysterypile : Ancient Mysteries: Crystal Skulls, (Pila de misterios: Misterios Ancestrales: Calaveras de Cristal)* https://www.mysterypile.com/crystal-skulls.php.

18 *The Lodge at Chichen Itza, (El hospedaje en Chichén Itzá)* https://www.mayaland.com/the-lodge-at-chichen-itza/.

19 *Crystal Skull: Max, (Calavera de Cristal: Max)* https://www.crystalskulls.com/max-crystal-skull.html.

20 See https://www.crystalinks.com/lemuria.html.

21 *Kahuna Kalei website, (Sitio web de Kahuna Kalei),* http://www.kaleiiliahi.com/about.html.

22 Nathaniel Scharping (27 de septiembre de 2018) *LIDAR Scans Reveal Maya Were Far Bigger and More Complex Than Thought (Las digitalizaciones LIDAR revelan que los mayas fueron mucho más complejos de lo que se pensaba)* http://blogs.discovermagazine.com/d-brief/2018/09/27/maya-lidar-scans-60000-new-structures/#.XdHSUzJKjUo.

23 Alison, Jim *Exploring Geographic and Geometric Relationships along a line of Ancient Sites around the world, (Explorando Relaciones Geográficas y Geométricas a lo largo de una línea de sitios antiguos alrededor del mundo)* May 2001, https://grahamhancock.com/geographic-geometric-relationships-alisonj/.

24 *Kailas,* Yogapedia, https://www.yogapedia.com/definition/7558/kailas.

Ilustraciones

Apéndice:

Google Maps
Rejilla de Cristales Lemurianos

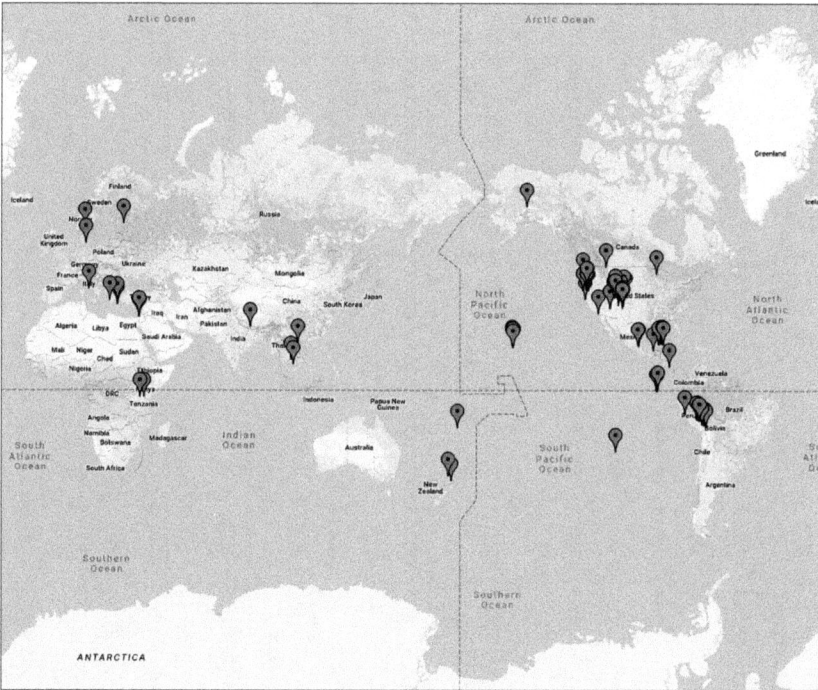

https://www.spiritualgenomics.com/global-map-of-activations

Sobre el Autor

red Grover Jr., M.D. es el autor de *Spiritual Genomics* (Genómica Espiritual, 2019), que explica cómo uno puede cambiar su ADN a un estado más saludable y óptimo a través de la atención plena y estilo de vida saludables. Es médico familiar certificado por la Junta, iniciando ya su vigésimo séptimo año de práctica clínica en Denver. Es profesor clínico asistente de Medicina Familiar de la Universidad de Colorado. Con frecuencia enseña a sus estudiantes la electiva de Medicina Integrativa y ha investigado y publicado artículos sobre la terapia de luz infrarroja cercana transcraneal para el tratamiento de lesiones cerebrales traumáticas. Su práctica privada única se centra en la salud de la mente y el cuerpo, incluidas dos salas dedicadas a la sanación con sonido y el trabajo energético. Además de proporcionar medicina alopática y regenerativa moderna, siempre que sea posible busca medios naturales para abordar la inflamación y la enfermedad.

Más allá de la atención integral al paciente, le apasiona la salud de nuestro planeta, apoya muchas causas ambientales y minimiza su huella de carbono lo mejor que puede al alimentar su hogar, principalmente a través de la energía solar. Sus viajes espirituales aventureros a menudo incluyen ceremonias con chamanes indígenas y una parte importante de éstos también implica honrar a Gaia mediante la colocación de cristales descrita en este libro.

Siguiendo este camino inusual con un pie en el mundo 3D y el otro en el multidimensional, mantiene un flujo dhármico centrado en el corazón para el planeta, sus formas de vida y el cosmos circundante.

www.ingramcontent.com/pod-product-compliance
Lightning Source LLC
LaVergne TN
LVHW051347080426
835509LV00020BA/3321